职业教育智能网联汽车技术创新与应用系列教材

智能网联汽车

装配与调试

山东星科智能科技股份有限公司 组 编

主 编 陈晓明 古风艺 张宪科

副主编 董学林 马建伟 邵凯凯

参 编 游恒浩 张则通 杜建军

徐 磊 江连禧 安佰平

机械工业出版社

本书主要介绍智能网联汽车装配与调试的内容，包括智能传感器的装配与调试、自动驾驶计算平台的装配与调试、线控底盘系统的装配与调试、智能座舱与机器视觉系统、整车综合道路测试，学生通过智能网联汽车的感知识别、决策规划与控制执行技术、智能网联汽车先进驾驶辅助系统三大关键技术的学习，具备智能网联汽车传感器的安装、线束连接、参数标定、程序调试、故障检修、整车综合功能测试等的技术能力，最终能够依据智能网联汽车产业、行业、企业的标准及规范完成智能网联汽车的基础维保及相关售后服务工作。

本书为理实一体化教材，同时配套了教学设计、教学课件和实训工单等教学资源。另外，本书还配套了操作视频和教学动画，用手机扫描二维码，便可观看相关视频与动画。

本书可作为智能网联汽车技术相关专业的教学用书，也可作为智能网联汽车相关职业技能等级证书和相关企业从业人员的参考用书。

图书在版编目（CIP）数据

智能网联汽车装配与调试/山东星科智能科技股份有限公司组编；陈晓明，古风艺，张宪科主编. —北京：机械工业出版社，2024. 2

职业教育智能网联汽车技术创新与应用系列教材

ISBN 978-7-111-74770-3

Ⅰ. ①智… Ⅱ. ①山… ②陈… ③古… ④张… Ⅲ. ①智能通信网–汽车–装配（机械）–职业教育–教材②智能通信网–汽车–调试方法–职业教育–教材
Ⅳ. ①U463. 67

中国国家版本馆 CIP 数据核字（2024）第 037938 号

机械工业出版社（北京市百万庄大街22号　邮政编码100037）
策划编辑：于志伟　　　　　　　　　责任编辑：于志伟
责任校对：杨　霞　薄萌钰　韩雪清　　封面设计：张　静
责任印制：常天培
北京铭成印刷有限公司印刷
2024年5月第1版第1次印刷
184mm×260mm · 17印张 · 410千字
标准书号：ISBN 978-7-111-74770-3
定价：59.80元（含实训工单）

电话服务　　　　　　　　　　　网络服务
客服电话：010-88361066　　　机 工 官 网：www.cmpbook.com
　　　　　010-88379833　　　机 工 官 博：weibo.com/cmp1952
　　　　　010-68326294　　　金 书 网：www.golden-book.com
封底无防伪标均为盗版　　　　机工教育服务网：www.cmpedu.com

前　言

　　智能网联汽车将成为全球汽车产业发展新一轮科技革命和产业变革的战略方向，在未来的科技竞争中，智能网联汽车的智能化水平将成为评判一个国家科技力量的重要依据。未来智能汽车的发展方向是实现汽车的电动化、智能化及物联网化。

　　随着智能网联汽车数量的不断增加，智能网联汽车行业也将迎来发展的黄金期。据国家发展和改革委员会预计，2025 年中国的智能网联汽车数量将达到 2800 万辆，2030 年将达3800 万辆。中国汽车工业协会预测，中国将在 2020—2025 年间实现低速状况下及停车场景下的智能驾驶；2025—2030 年间实现更多复杂场景下的智能驾驶；2035 年，中国智能网联汽车产业规模将超过 2000 亿美元，成为世界第一大智能网联汽车市场。

　　本书在自动驾驶概念基础上对智能网联汽车的装配与调试技术进行了全面介绍，读者通过学习可以对智能传感器装配与调试、自动驾驶计算平台装配与调试、线控底盘系统的装配与调试、智能座舱与机器视觉系统、整车综合道路测试有全面的认知，了解智能网联汽车产业发展及产业链的需求，智能网联汽车的感知识别、决策规划与控制执行技术、智能网联汽车先进驾驶辅助系统三大关键技术，掌握智能网联汽车传感器的安装、线束连接、参数标定、程序调试、故障检修、整车综合功能测试等技术能力，能够依据智能网联汽车产业、行业、企业的标准及规范完成智能网联汽车的基础维保及相关售后服务工作。

　　本书为理实一体化教材，同时配套了教学设计、教学课件、实训工单、操作视频、教学动画等丰富的教学资源，以方便职业院校开展一体化教学和信息化教学。

　　本书由陈晓明、古风艺、张宪科担任主编，董学林、马建伟、邵凯凯担任副主编，游恒浩、张则通、杜建军、徐磊、江连禧、安佰平参与了编写。其中，项目一由古风艺、董学林编写，项目二由马建伟、张则通编写，项目三由陈晓明、邵凯凯、徐磊编写，项目四由安佰平、游恒浩、江连禧编写，项目五由张宪科、杜建军编写。

在本书编写过程中，山东星科智能科技股份有限公司提供了大量的设备支持，在此表示衷心的感谢。

由于编者水平有限，书中难免有错漏之处，敬请读者批评指正。

编 者

二维码清单

名称	图形	名称	图形
双目相机结构展示		摄像头红绿灯故障检修	
摄像头车道线识别		毫米波雷达故障检修	
激光雷达传感器的测速原理		激光雷达线束连接	
激光雷达结构展示		红绿灯的坐标配置	
线控制动系统线束连接		线控制动系统结构认知	

（续）

名称	图形	名称	图形
线控转向系统结构认知		线控驱动系统结构认知	
自动紧急制动功能		超声波雷达故障检修	
高精度地图信息采集过程		高精度定位的介绍	

目 录

智能网联汽车装配与调试实训工单

项目一

智能传感器的装配与调试

 【案例导入】

　　随着人工智能技术的发展,传统燃油车正逐渐向无人驾驶汽车方向转变。在汽车行驶过程中驾驶人的手、脚和眼睛被逐渐解放出来,汽车在无人驾驶的情况下是如何感知周围的环境呢?因为汽车装备了一套智能化感知设备,这些设备包括激光雷达、毫米波雷达、超声波雷达、摄像头及组合导航等,每个部件负责的功能各不相同,有的负责了解和收集周边的地图信息,有的负责识别道路车辆、行人和红绿灯等,有的负责对汽车进行道路规划。这些功能就相当于人们的感觉器官。

　　智能传感器的种类有哪些?它们的结构和原理是什么?这些感知传感器是如何装配的,如何调试的?通过本项目的学习,读者便可以得到答案。

【项目目标】

知识与技能	过程与方法	情感态度与价值观
1)了解激光雷达、毫米波雷达、超声波雷达、视觉传感器和组合导航的结构和工作原理,了解毫米波雷达的分类与应用 2)掌握激光雷达、毫米波雷达、超声波雷达、视觉传感器和组合导航的安装及线束连接 3)掌握激光雷达、毫米波雷达、超声波雷达、视觉传感器和组合导航的配置与标定 4)掌握激光雷达、毫米波雷达、超声波雷达、视觉传感器和组合导航的故障检修	1)采用一体化分小步教学方法,边讲边练边评,提高学生操作技能 2)通过电子教案辅助学习,培养学生自主学习和探究学习能力 3)任务驱动教学法:通过布置任务,学生集体讨论,小组互助竞赛机制,激发学生的学习兴趣	1)通过知识的学习,培养学生乐观的生活态度、求真的科学态度、宽容的人生态度 2)通过图片、视频及案例引导学生积极思维,激发学生的学习兴趣和求知欲望 3)通过对实训步骤进行分析,提高学生分析和知识迁移的能力 4)通过实践训练,培养学生实事求是、自强不息、爱岗敬业、团队合作的精神

任务一　激光雷达的装配与调试

【任务导入】

激光雷达是无人驾驶汽车必备的传感器，也是目前制约无人驾驶汽车发展的关键传感器，无人驾驶汽车行驶必备的条件之一是精准定位、高精度感知周围环境。激光雷达利用扫描出来的点云数据绘制高精度地图，达到实时路况及移动物体的高精度感知，并进行精准定位，确定可行驶空间，保障无人驾驶汽车安全行驶。你知道激光雷达的分类与应用有哪些？激光雷达的结构与工作原理是什么？学习完本任务，你将回答以上问题。

【知识准备】

一、激光雷达的分类

激光雷达具有分辨率高、隐蔽性好、抗干扰能力强等优势。随着科技的不断发展，激光雷达的应用越来越广泛，它已应用于机器人、无人驾驶和无人车等领域。激光雷达的种类繁多，按照功能、结构、线束、探测方式、发射波形等可分为不同的类型，如图 1-1-1 所示。

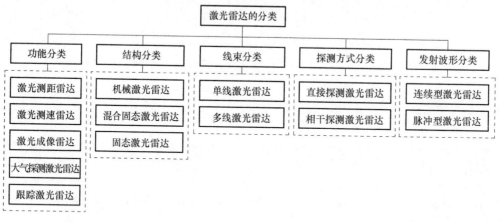

图 1-1-1　激光雷达的分类

1. 激光雷达按功能分类

（1）激光测距雷达　激光测距雷达是通过对被测物体发射激光光束，并接收该激光光束的反射波，记录该时间差，来确定被测物体与测试点的距离。它广泛应用于空间测绘领域。

（2）激光测速雷达　激光测速雷达是对物体移动速度的测量。激光测速雷达测速的方法主要有两大类，即基于激光雷达测距原理实现测速和多普勒频移测速。

（3）激光成像雷达　激光成像雷达可用于探测和跟踪目标、获得目标方位及速度信息等，它能够完成普通雷达所不能完成的任务，如探测潜艇、水雷和隐藏的军事目标等，在军事、航空航天、工业和医学领域被广泛应用。

（4）大气探测激光雷达　大气探测激光雷达主要是用来探测大气中的分子、烟雾的密度、温度、风速、风向及大气中水蒸气的含量，以达到对大气环境进行监测及对暴风雨、沙尘暴等灾害性天气进行预报的目的。

（5）跟踪激光雷达　跟踪激光雷达可以连续地跟踪一个目标，并测量该目标的坐标，提供目标的运动轨迹。它不仅可用于火炮控制、导弹制导、外弹道测量、卫星跟踪、突防技术研究等，而且在气象、交通、科学研究等领域的应用也在日益扩大。

2. 激光雷达按结构分类

（1）机械激光雷达　在高速旋转的电动机壳体带动下连续旋转发射头，将竖直排列的激光发射器成不同角度向外发射，实现垂直角度的覆盖，将速度更快、发射更准的激光从"线"变成"面"，实现水平角度360°的全覆盖，达到动态扫描并动态接收信息的目的，如图1-1-2所示。

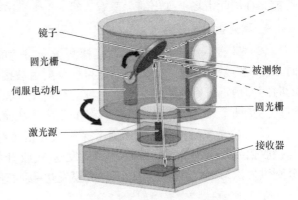

图1-1-2　机械激光雷达的结构

（2）混合固态激光雷达　混合固态激光雷达是用半导体"微动"器件来代替宏观机械式扫描器，在微观尺度上实现雷达发射端的激光扫描方式。MEMS扫描镜是一种硅基半导体元器件，属于固态电子元件，但是MEMS扫描镜并不"安分"，内部集成了"可动"的微型镜面。由此可见，MEMS扫描镜兼具"固态"和"运动"两种属性，故称为"混合固态"，如图1-1-3所示。

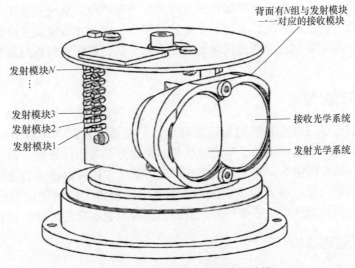

图1-1-3　混合固态激光雷达的结构

（3）固态激光雷达　相比于机械式激光雷达，固态激光雷达在结构上最大的特点就是没有了旋转部件，个体相对较小，分为 OPA 固态激光雷达和 Flash 固态激光雷达两种。

3. 激光雷达按线束分类

（1）单线激光雷达　单线激光雷达实际上是一个高频脉冲激光测距仪，加上一个一维旋转扫描，只有一路发射和一路接收，结构相对简单。单线激光雷达的特点是扫描速度快、分辨率强、可靠性高。但单线激光雷达只能平面式扫描，不能测量物体高度，有一定局限性。当前主要应用于服务机器人身上，如常见的扫地机器人等。

（2）多线激光雷达　多线激光雷达就是通过多个激光发射器在垂直方向上的分布，加上电动机的旋转形成多条线束的扫描，理论上讲，线束越多、越密，对环境描述就越充分。目前，在国际市场上推出的主要有 4 线、8 线、16 线、32 线和 64 线等。

4. 激光雷达按探测方式分类

（1）直接探测激光雷达　直接探测激光雷达的基本结构与激光测距机颇为相近。工作时，由发射系统发送一个信号，经目标反射后被接收系统收集，通过测量激光信号往返传播的时间而确定目标的距离。至于目标的径向速度，则可以由反射光的多普勒频移来确定，也可以测量两个或多个距离，并计算其变化率，从而求得速度。

（2）相干探测激光雷达　相干探测激光雷达有单稳与双稳之分，在单稳系统中，发送与接收信号共用一个光学孔径，并由发送-接收开关隔离。而双稳系统包括两个光学孔径，分别供发送与接收信号使用，不再需要发送-接收开关，其余部分与单稳系统相同。

5. 激光雷达按激光发射波形分类

（1）连续型激光雷达　从激光的原理来看，连续激光就是一直有光出来，就像打开手电筒的开关，它的光会一直亮着，是依靠持续亮光到待测高度，进行某个高度下数据采集。由于连续激光的工作特点，某时某刻只能采集到一个点的数据。因为风数据的不确定特性，用一点代表某个高度的风况，显然有些片面。因此有些厂家采取折中的办法是旋转 360°，在这个圆边上面采集多点进行平均评估，显然这是一个虚拟平面中的多点统计数据的概念。

（2）脉冲型激光雷达　脉冲激光输出的激光是不连续的，而是一闪一闪的。脉冲激光的原理是发射几万个的激光粒子，根据国际通用的多普勒原理，从这几万个激光粒子的反射情况来综合评价某个高度的风况，这是一个立体的概念，因此才有探测长度的理论。从激光的特性来看，脉冲激光要比连续激光测量的点位多几十倍，更能够精确地反映出某个高度的风况。

二、激光雷达的应用

激光雷达能够通过三维点云精确地还原环境，使利用点云提取环境中目标特征成为可能。在此基础上，激光雷达可以用于车道线检测、目标分类与运动跟踪，以及通过环境特征匹配进行 SLAM 高精度定位等。基于上述感知手段，激光雷达可以提供的功能非常全面，是目前自动驾驶车辆研究阶段必不可少的关键传感器，能够提供高精度地图构建、高精度定位、环境中复杂物体的识别与跟踪等环境理解能力，为控制系统的正确决策提供指导。

三、激光雷达的结构

激光雷达 LiDAR（Light Detection and Ranging）以激光束为信息载体，利用相位、振幅和频率等来搭载信息，并将辐射源频率提高到光频段，能够探测极微小的目标。激光雷达是一种采用非接触激光测距技术的扫描式传感器，是一种主动传感器，通过发射激光光束来探测目标，并通过收集反射回来的光束形成点云和获取数据，数据经光电处理后可生成为精确的三维立体图像。

激光雷达的应用涉及多个学科领域，融合了传统雷达和现代激光的优点。由于激光雷达的分辨率和灵敏度高、抗观测背景的干扰性强，能够实现全天时观测，可以广泛应用在环境监测、地形测绘、高空探测、军事应用和民用汽车等领域。激光雷达方向性强、相干性高、单色性强，在气象领域发展迅速，可以用来侦测气溶胶、空中云雾、海洋和平流层风场、温室气体等。

1. 激光雷达的基本构成

激光雷达主要由激光发射器、激光接收器、信号处理单元和旋转机构四大核心组件构成，如图 1-1-4 所示。

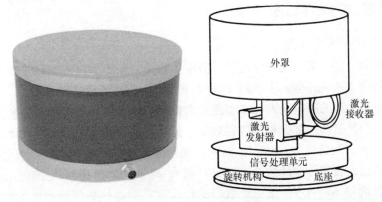

图 1-1-4 激光雷达的结构

（1）**激光发射器** 激光发射器是激光雷达中的激光发射机构。在工作过程中，它会以脉冲的方式点亮，如每秒钟点亮和熄灭 16000 次。

（2）**激光接收器** 激光器发射的激光照射到障碍物以后，通过障碍物的反射，反射光线会经由镜头组汇聚到接收器上。

（3）**信号处理单元** 信号处理单元负责控制激光器的发射，以及接收器收到的信号的处理。根据这些信息计算出目标物体的距离等信息。

（4）**旋转机构** 由激光发射器、激光接收器和信号处理单元构成了测量的核心部件。旋转机构负责将上述核心部件以稳定的转速旋转起来，从而实现对所在平面的扫描，并产生实时的平面图信息。

2. 激光雷达成像流程

激光雷达以激光作为信号源，由激光器发射出的脉冲激光打到地面的树木、道路、桥梁和建筑物上引起散射，一部分光波会反射到激光雷达的接收器上，然后测量反射或散射信号到达发射机的时间、信号强弱程度和频率变化等参数，从而确定被测目标的距离、运动速度以及方位。脉冲激光不断地扫描目标物，就可以得到目标物上全部目标点的数据，用此数据进行成像处理后，可以得到精确的三维立体图像，如图 1-1-5 和图 1-1-6 所示。

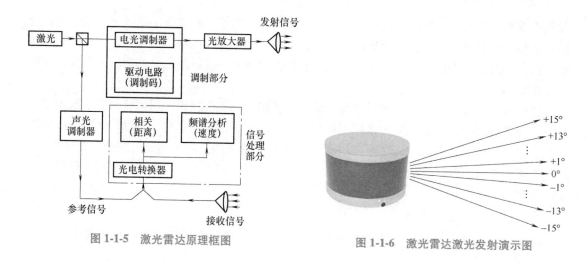

图 1-1-5 激光雷达原理框图

图 1-1-6 激光雷达激光发射演示图

四、激光雷达的工作原理

1. 激光雷达测距基本原理

激光雷达测距方法一般有三角测距法、TOF（脉冲）测距法以及调幅连续波测距法。不同公司采用的测距方法不一样，下面以 TOF（脉冲）测距法为例进行介绍。

TOF（脉冲）测距的基本原理是在测距点向被测目标发射一束短而强的激光脉冲，激光脉冲到达目标后会反射回一部分被接收器接收。假设目标距离为 L，激光脉冲往返的时间间隔是 t，光速为 c，测距公式为 $L=tc/2$。时间间隔 t 的确定是测距的关键，实际的脉冲激光雷达利用时钟晶体振荡器和脉冲计数器来确定时间 t，时钟晶体振荡器用于产生固定频率的电脉冲振荡，振荡周期 $\Delta T=1/f$，脉冲计数器的作用就是对晶体振荡器产生的电脉冲计数 N，如图 1-1-7 所示。

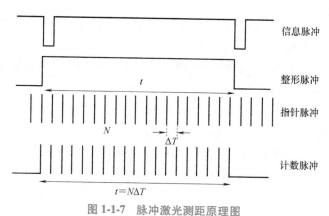

图 1-1-7 脉冲激光测距原理图

2. 激光雷达测速基本原理

激光雷达测速的方法主要有基于激光雷达测距原理测速和多普勒频移测速两大类。

（1）基于激光雷达测距原理测速　基于激光雷达测距原理实现测速，即以一定时间间隔连续测量目标距离，用两次目标距离的差值除以时间间隔就可得知目标的速度值，速度的方向根据距离差值的正负可以确定。这种方法系统结构简单，但测量精度有限，只能用于反射激光较强的硬目标。

（2）**多普勒频移测速**　多普勒频移是指当目标与激光雷达之间存在相对速度时，接收回波信号的频率与发射信号的频率之间会产生一个频率差，这个频率差就是多普勒频移。计算公式为

$$f_d = \frac{2v}{\lambda}$$

式中　f_d——多普勒频移，单位为 Hz；

v——激光雷达与目标间的径向相对速度，单位为 m/s；

λ——发射激光的波长，单位为 m。

当目标向着激光雷达运动时，$v>0$，回波信号频率提高也就是激光雷达与被测目标的距离减小；反之，$v<0$，回波信号的频率降低，激光雷达与被测目标距离增大。所以，只要能够测量出多普勒频移 f_d，就可以确定目标与激光雷达的相对速度。对于车载激光雷达，就可以根据自身车速推算出被测目标的速度。

【技能训练】

一、激光雷达的安装及线束连接

1. 作业准备

1）清洁操作工位。

2）使用安全防护用具。

3）检查工具、设备。

2. 激光雷达设备的安装

（1）**准备激光雷达探头**　用扳手紧固 16 线激光雷达探头万向节固定螺钉，如图 1-1-8 所示。

（2）**安装激光雷达探头底座**　将 16 线激光雷达安装在车辆顶部万向节底座上，将激光雷达探头底座装入底座滑轨中，使底座能够在滑轨中自由移动，不出现明显卡滞为正常。将底座推至滑轨中间，使底座中心对准滑轨上刻度尺零点位置并紧固，如图 1-1-9 所示。

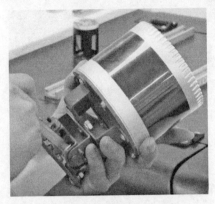

图 1-1-8　安装激光雷达探头

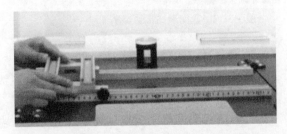

图 1-1-9　安装激光雷达探头底座

（3）**安装激光雷达探头组件** 将激光雷达探头组件安装至底座滑轨中，移动至底座中心位置并紧固，通过螺栓紧固在地板上，如图 1-1-10 所示。

（4）**调整激光雷达探头** 调整激光雷达探头 X 轴、Y 轴水平，将水平仪放在雷达探头上方，调节雷达探头 X 轴（车身长度方向）、Y 轴（车身宽度方向）水平（水平仪气泡在刻度线中间时即为水平），如图 1-1-11 所示。

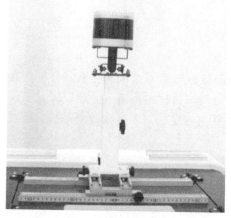

图 1-1-10　安装激光雷达探头组件

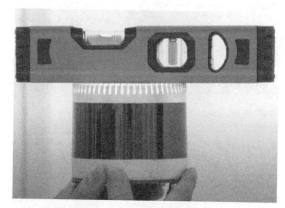

图 1-1-11　调整激光雷达探头

（5）**紧固激光雷达调节螺栓** 用一字螺钉旋具紧固调节螺栓，如图 1-1-12 所示。

（6）**将激光雷达电源盒安装到汽车底座上** 安装激光雷达电源盒，使电源盒电源口朝向汽车前方；将 AGX 主机安装在汽车底座上，主机电源口朝向汽车前方；安装车载路由器，将车载路由器安装到汽车底座上，车载路由器指示灯朝向汽车前方，如图 1-1-13 所示。

图 1-1-12　紧固激光雷达调节螺栓

图 1-1-13　安装激光雷达电源盒

3. 激光雷达的线束连接

（1）**安装激光雷达电源线** 激光雷达电源线一端接至激光雷达控制器上，另一端接至直流电源端，如图 1-1-14 所示。

（2）**连接激光雷达网线** 激光雷达网线一端连接至车载路由器，另一端连接至 AGX 主机，如图 1-1-15 所示。

图 1-1-14 安装激光雷达电源线

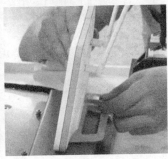

图 1-1-15 连接激光雷达网线

（3）连接激光雷达数据线 激光雷达数据线一端从车辆顶部穿入，与激光雷达探头连接，另一端接至激光雷达探头上，注意航空插头连接凹槽位置，如图 1-1-16 所示。

图 1-1-16 连接激光雷达数据线

4. 整理工位

1）工具整理复位。

2）清洁整理工位。

二、激光雷达的配置与标定

1. 作业准备

1）清洁操作工位。

2）使用安全防护用具。

3）开启电源。

打开动力蓄电池包开关和主电源开关，如图 1-1-17a 所示。

打开电源控制盒上 AGX、LCD、LIDAR、M2 等电源开关，如图 1-1-17b 所示。

a) 动力蓄电池包开关和主电源开关　　　　b) 电源控制盒上电源开关

图 1-1-17　开启电源

2. 激光雷达点云数据的读取

（1）打开智能驾驶装调实训平台软件　在/home/apollo-arm 目录下打开命令行，输入 ./apolloExe，单击回车进入智能驾驶装调实训平台，在指令窗口启动人机交互进入，如图 1-1-18 所示。

图 1-1-18　打开智能驾驶装调实训平台软件

（2）打开激光雷达驱动　进入 Dreamview 的 Tasks 界面，单击打开 ModulesCotroller 模块，单击打开激光雷达驱动，当前状态显示 ok 时打开成功，如图 1-1-19 所示。

（3）查看激光雷达相对位置　在 Dreamview 中的 Laye Menu 界面，打开 Point Cloud 模块，查看此时激光雷达的点云状态，查看激光雷达的相对位置是否正确，若位置不正确，需用角度尺测量偏转角度并记录，如图 1-1-20 所示。

图 1-1-19　打开激光雷达驱动

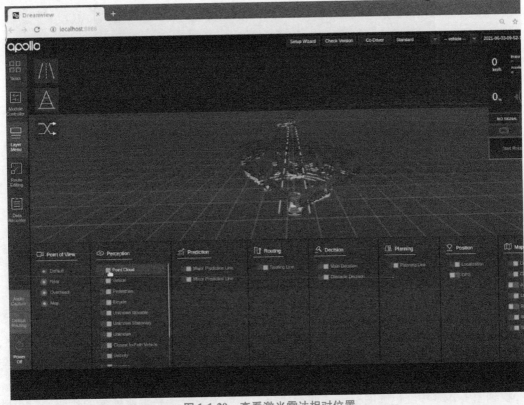

图 1-1-20　查看激光雷达相对位置

3. 激光雷达的标定

（1）欧拉角与四元数转换　转换激光雷达参数，新建界面，输入角度与四元数转换工具网址，在 Euler Angles 中输入测量角度，如图 1-1-21 所示。

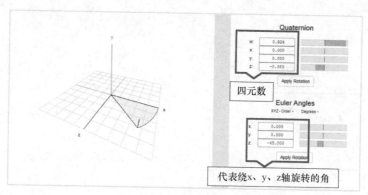

图 1-1-21　欧拉角与四元数

（2）进入 docker 环境　自动驾驶处理器上使用 <Ctrl+Alt+t> 打开新终端，输入 /apollo/docker/scripts/dev_into.sh 进入 docker 环境，打开激光雷达 launch 文件，在激光雷达的 docker 环境中输入命令为 cd/home/tmp/ros/share/lslidar_c16_decoder/launch，进入 /home/tmp/ros/share/lslidar_c16_decoder/launch 路径之下，在命令行执行 vim lslidar_c16.launch，打开 lslidar_c16.launch 文件，如图 1-1-22 所示。

图 1-1-22　进入 docker 环境

输入 e，再输入 i 进入 insert 模式，查看激光雷达四元数，保存新的激光雷达四元数值，填写完成后按 ESC 退出 insert 模式，然后输入命令：wq 保存退出，至此激光雷达的配置与标定完成，如图 1-1-23 所示。

找到图 1-1-23 中红色圆圈标记的四行代码，此处为配置激光雷达外参的代码，是由欧

```
_dev_docker: /apollo
launch>
 <arg name="device_ip" default="192.168.1.200" />
 <arg name="msop_port" default="2368" />
 <arg name="difop_port" default="2369" />
 <arg name="time_synchronization" default="true" />

 <node pkg="lslidar_c16_driver" type="lslidar_c16_driver_node" name="lslidar_c16_driver_node" output="screen">
   <param name="device_ip" value="$(arg device_ip)" />
   <param name="msop_port" value="$(arg msop_port)" />
   <param name="difop_port" value="$(arg difop_port)"/>
   <param name="frame_id" value="laser_link"/>
   <param name="add_multicast" value="false"/>
   <param name="group_ip" value="224.1.1.2"/>
   <param name="rpm" value="600"/>
   <param name="return_mode" value="1"/>
   <param name="time_synchronization" value="$(arg time_synchronization)"/>
 </node>

 <node pkg="lslidar_c16_decoder" type="lslidar_c16_decoder_node" name="lslidar_c16_decoder_node" output="screen">
   <param name="calibration_file" value="$(find lslidar_c16_decoder)/params/lslidar_c16_db.yaml" />
   <param name="min_range" value="0.15"/>
   <param name="max_range" value="150.0"/>
   <param name="cbMethod" value="true"/>
   <param name="time_synchronization" value="$(arg time_synchronization)"/>
   <param name="lidar_set_qx" value="0.0"/>
   <param name="lidar_set_qy" value="0.0"/>
   <param name="lidar_set_qz" value="0.0"/>
   <param name="lidar_set_qw" value="1"/>
```

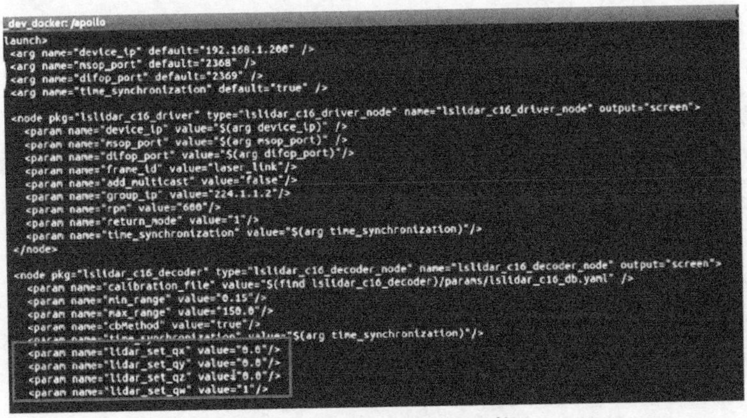

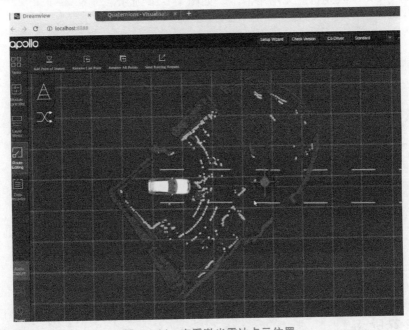

图 1-1-23　激光雷达四元数

拉角转换过来的四元数，若校准激光雷达姿态，需要更改 value 的值，如下：

```
<param name="lidar_set_qx" value="0.0"/>
<param name="lidar_set_qy" value="0.0"/>
<param name="lidar_set_qz" value="-0.383"/>
<param name="lidar_set_qw" value="0.924"/>
```

保证激光雷达是水平安装，只需要更改欧拉角的航向角度即可，航向角为激光雷达绕 Z 轴旋转的角度，取值范围为（-180°，180°），激光雷达出线口朝向车辆前进方向时角度为 0°，逆时针旋转为正，如图 1-1-21 所示，激光雷达航向角安装在-45°的方向，则需要更改四元数参数以适配硬件安装角度（激光雷达安装角度与四元数转换工具网址 https://quaternions.online/）。

重启计算机，查看激光雷达点云位置是否正确，如图 1-1-24 所示。

图 1-1-24　查看激光雷达点云位置

4. 整理工位

1）关闭计算机主机。

2）关闭电源控制盒上 AGX、LCD、LIDAR、M2 等电源开关。

3）关闭主电源开关和动力蓄电池包开关。

三、激光雷达的故障检修

1. 准备工作

1）清洁操作工位。用抹布清洁各零部件、万用表和安全防护工具等，如图 1-1-25 所示。

图 1-1-25　作业准备

2）正确使用安全防护工具。

3）工具、设备的检查。检查万用表是否正常。

4）开启电源。打开动力蓄电池包开关和主电源开关，打开电源控制盒上 AGX、LCD、LIDAR、M2 等电源开关。

2. 故障点的确定

（1）检查激光雷达网络信号　单击空白处，选择 open in terminal 打开命令行，输入：ping 192.168.1.200，激光雷达无网络信号，如图 1-1-26 所示。

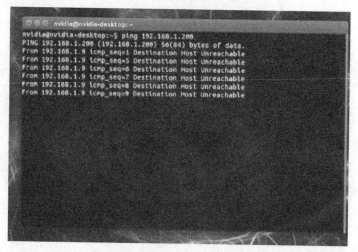

图 1-1-26　检查激光雷达网络信号

（2）检查激光雷达电源线　观察到激光雷达控制盒电源指示灯亮（红色），红色为正常，如图 1-1-27 所示。

（3）检查激光雷达网络数据线　关闭激光雷达电源开关，拔下激光雷达网线，用网线测试器测试网络是否通断，显示网络不通，如图 1-1-28 所示。

图 1-1-27　检查激光雷达电源线

图 1-1-28　检查激光雷达网络数据线

3. 故障排除

（1）更换新网线并测试通断　将新网线分别连接激光雷达控制器和车载路由器，如图 1-1-29 所示。

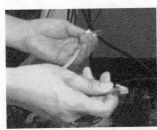

图 1-1-29　更换新网线并测试通断

（2）验证故障是否排除　打开激光雷达电源，鼠标右击（单击空白处），选择 open in terminal 打开命令行，输入：ping 192. 168. 1. 200，激光雷达信号显示正常，故障排除，如图 1-1-30 所示。

图 1-1-30　验证故障是否排除

15

4. 整理工位

1）关闭终端界面，关闭计算机。

2）关闭电源控制盒上电源开关。

3）工具、防护用品归位，整理清洁工位。

任务二　毫米波雷达的装配与调试

【任务导入】

毫米波雷达技术是智能网联汽车环境感知技术的核心，在先进驾驶辅助系统中应用广泛，可以提高汽车行驶的安全性，最大限度降低交通事故的发生率。那你知道毫米波雷达的分类与应用有哪些吗？毫米波雷达的结构与工作原理又是什么吗？学习本任务，你将回答以上问题。

【知识准备】

一、毫米波雷达的分类

雷达是指用无线电电磁波的方法发现目标并测定它们空间位置的电子设备。雷达发射电磁波对目标进行照射并接收其回波，由此获得目标至电磁波发射点的距离、距离变化率（径向速度）、方位和高度等信息。毫米波雷达是工作在毫米波波段探测的雷达，通常毫米波是指 $30\sim300GHz$ 频域（波长为 $1\sim10mm$）的电磁波，毫米波的波长介于微波和厘米波之间。

毫米波雷达具有全天候工作的能力，在智能网联汽车领域主要用于目标识别和跟踪。毫米波位于微波和远红外波重叠的波长范围内，根据波传播理论，频率越高，波长越短，分辨率越高，穿透能力越强，但传播过程中损耗越大，传输距离越短。因此，与微波相比，毫米波具有分辨率高、方向性好、抗干扰能力强、检测性能好等特点。与红外线相比，毫米波具有大气衰减小、对烟雾的穿透性好、受天气影响小等特点。

1. 按频段分布进行分类

从毫米波雷达的频段分布上来看，目前毫米波雷达主要分布在 $24GHz$ 和 $77GHz$ 两个频段。其中，$24GHz$ 主要用于中短距离雷达，探测距离大约在 $50\sim70m$，实现盲点监测（BSD）、换道辅助（LCA）、自动泊车辅助（PA）等功能；$77GHz$ 主要用于长距离雷达，探测距离大约在 $150\sim250m$，实现如自适应巡航（ACC）、前碰撞预警（FCW）、高级紧急制动（AEB）等功能。从应用方向上来看，目前 $24GHz$ 毫米波雷达探测角度大，主要用于侧向；$77GHz$ 毫米波雷达因为探测距离远，主要用于前向。

2. 按有效探测范围进行分类

根据毫米波雷达的有效探测范围，车载毫米波雷达可分为长距离雷达（LRR）、中距离雷达（MRR）和短距离雷达（SRR）。在实际应用中，LRR 和 MRR 通常布置在车辆前方，用于前方较远范围内目标的检测；而 SRR 通常布置在车辆四角位置，用于侧前方、侧后方等范围内目标的检测，如图 1-2-1 所示。

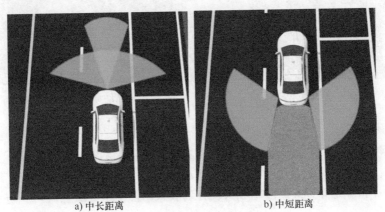

a) 中长距离　　　　　　　　　　　　　b) 中短距离

图 1-2-1　各种毫米波雷达探测范围

二、毫米波雷达的应用

毫米波雷达可实现自适应巡航控制、前向防撞报警、盲点检测、辅助停车、辅助变道、自主巡航控制等先进的巡航控制功能。

1. 自适应巡航系统（ACC）

自适应巡航是一种驾驶辅助功能，它可以按照设定的车速或距离跟随前面的车辆，或者根据前车的车速主动控制自车的行驶速度，使车辆与前面的车辆保持安全、舒适的距离。自适应巡航系统可以有效地解放驾驶人的脚，提高驾驶安全性和舒适性。

如图 1-2-2 所示，自适应巡航的实现：在车辆行驶过程中，安装在车辆前部的毫米波雷达传感器连续扫描车辆前方环境，车辆的轮速传感器或其他车速传感器采集车速信号。例如，当检测到前车，且根据自车车速、两车相对速度等判断距前车距离过小时，自适应巡航系统可与防抱死制动系统（ABS）和发动机控制系统协调动作，适当制动车轮，降低发动机输出功率，使前车与后车始终保持安全距离。

2. 自动紧急制动系统（AEB）

如图 1-2-3 所示，自动紧急制动是汽车的主动安全辅助装置，该系统使用毫米波雷达测量前车或障碍物的距离，然后将测量的距离与报警距离和安全距离进行比较。当小于报警距离时，系统会报警提示。当小于安全距离时，即使驾驶人没有来得及踩下制动踏板，自动紧急制动系统也会开始自动制动车辆，从而确保安全驾驶。自动紧急制动系统往往也被认为包含了前方防撞预警功能。

据相关统计表明，绝大多数交通事故是由于驾驶人注意力不集中造成的，自动紧急制动系统可以有效减少因注意力不集中导致的追尾事故以及追尾造成的损失。

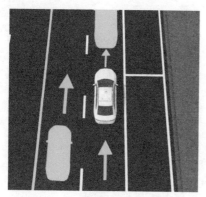

图 1-2-2　自适应巡航的实现

图 1-2-3　自动紧急制动系统自动紧急制动

3. 换道辅助系统

如图 1-2-4 所示，车道变换辅助装置通过毫米波雷达、摄像头等传感器检测车辆相邻侧的车道侧后方，获取车辆侧面和后方物体的运动信息。根据当前车辆的状态，结合环境感知情况，通过声音和灯光等方式提醒驾驶人，让驾驶人掌握换道的最佳时机，防止换道引起的交通事故。

换道辅助系统包括盲点检测（BSD）、车道变换警告（LCA）和后碰撞警告（RCW）三个功能，这三个功能的协作有效地防止了变道、转弯和追尾等交通事故的发生，大大提高了车辆换道过程中的安全性能。

其中，BSD 根据其对运动物体相对位置和车辆相对速度的判断，在车辆盲区时，及时提醒驾驶人注意车道变换的风险。如图 1-2-5 所示，LCA 检测到目标车辆在相邻区域以相对较大的速度接近车辆，当两车之间的距离小于一定范围时，通过声音和灯光等方式提醒驾驶人。RCW 检测同一车道后面相互靠近的移动物体，当有碰撞危险时，它会迅速通过声音和灯光等发出提醒，以减少碰撞发生概率。

图 1-2-4　换道辅助系统的应用

图 1-2-5　换道辅助系统的环境感知与交互方式

三、毫米波雷达的组成

毫米波雷达主要由天线、射频组件、信号处理模块以及控制电路等构成，如图 1-2-6 所示，其中，天线和射频组件是最核心的硬件部分。

1. 天线

天线是实现毫米波发射和接收的部件，由于毫米波的波长只有毫米长度，天线可以实现

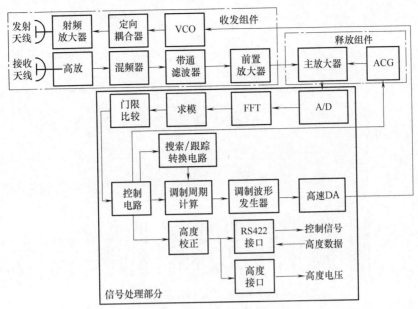

图 1-2-6　毫米波雷达的结构图

小型化，通过设计多根天线可以形成列阵，因此集成在 PCB 板上成为一种很好的解决方案。这种天线 PCB 板具有体积小、重量轻、低成本、电性能多样化以及易集成等多种优点。

2. 射频组件

射频组件负责毫米波信号调制、发射、接收以及回波信号的解调等，为满足车载雷达小体积、低成本等要求，目前最主流的方案就是将射频组件集成化，即单片微波集成电路（MMIC）。MMIC 通过半导体工艺在砷化镓（GaAs）、锗硅（SiGe）或硅（Si）芯片上集成了包括低噪声放大器（LNA）、功率放大器、混频器、上变频器、检波器等多个功能电路。通过 MMIC 芯片，射频组件具有集成度高和成本低等特点，大幅简化了毫米波雷达的结构。

四、毫米波雷达的工作原理

在车载毫米波雷达领域，应用比较广泛的是调频连续波（FMCW）雷达。FMCW 雷达既可以测距又可以测速，且在近距离测量方面有很大优势。FMCW 雷达在扫频周期内通过调频发射频率变化的连续波（常见的调频方式有三角波、锯齿波、编码调制或者噪声调频等），遇到障碍物体后，发射的电磁波被反射，产生与发射信号有一定的频率差回波，发射的连续波与回波信号的区别中，包含了物体的方位和速度等信息。测量原理示意图如图 1-2-7 所示。

雷达主要测量目标的三个参数，即距离、速度和方位角。

1. 距离

测量频率差可以获得目标与雷达之间的距离信息，差频信号频率较低，一般为千赫级，因此硬件结构相对简单、易于数据采集并进行数字信号处理。

2. 速度

在三角的上升沿和下降沿分别可得到差频 Δf_1 与 Δf_2，根据所得可以求得雷达与目标的

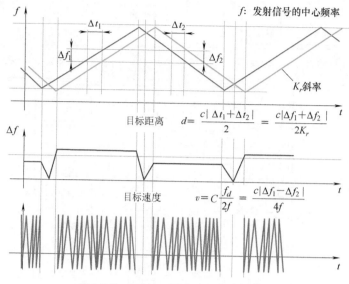

图 1-2-7　FMCW 雷达测量原理示意图

相对速度 v。

3. 方位角

雷达具有多个接收天线，目标反射到不同接收天线的信号幅度和相位都有差异，结合接收天线的位置关系，通过分析处理多个接收天线捕获的信号，就可以得到目标的方位角（假设两接收天线输出信号为 E_1-E_2，差信号 E_2-E_1 的振幅大小表明了目标角度的大小，E_2-E_1 的相位表明了目标偏离天线轴线的方向；由于和信号 E_1+E_2 的相位与目标方向无关，所以使用信号作为基准可以获取目标的方向）。

【技能训练】

一、毫米波雷达的安装及线束连接

1. 作业准备

1）清洁操作工位。

2）使用安全防护用具。

3）检查工具和设备。

2. 毫米波雷达设备的安装

准备毫米波雷达探头，将毫米波雷达固定支架通过螺栓紧固在车辆正前方，注意毫米波雷达线束插孔朝右，如图 1-2-8 所示。

3. 毫米波雷达的线束连接

（1）安装毫米波雷达（CAN 线盒）附件　在汽车底盘上找到 CAN 线盒安装位置，将 CAN 线盒安装到汽车底盘上。注意：线束端朝向汽车后方，如图 1-2-9 所示。

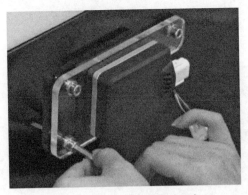

图 1-2-8 安装毫米波雷达设备

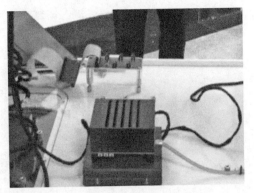

图 1-2-9 安装 CAN 线盒附件

（2）连接并紧固毫米波雷达插接件 连接毫米波雷达插接件如图 1-2-10 所示。

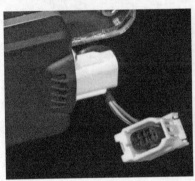

图 1-2-10 连接毫米波雷达插接件

（3）连接毫米波雷达设备的线束

1）在毫米波雷达线束端找出 CAN 线接口和电源线接口，CAN 线束中有 H/L 标记，电源线束中有+/-标记，如图 1-2-11 所示。

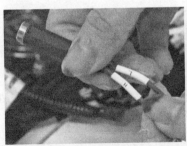

图 1-2-11 CAN 线接口和电源线接口

2）将 CAN 线接口连接至 CAN 线盒，电源线接口连接至电源盒 RADAR 处，如图 1-2-12 所示。

3）将 CAN 线盒的软排线与 AGX 主机连接，如图 1-2-13 所示。

4. 整理工位

1）工具整理复位。

21

2）清洁整理工位。

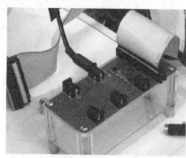

图 1-2-12　CAN 线盒连接

图 1-2-13　CAN 线盒的软排线连接

二、毫米波雷达的配置与标定

1. 作业准备

1）清洁操作工位。

2）使用安全防护用具。

3）开启电源。

打开动力蓄电池包开关和主电源开关，如图 1-1-17a 所示。

打开电源控制盒上 AGX、LCD、RADAR、M2 等电源开关，如图 1-1-17b 所示。

2. 毫米波雷达的配置

（1）查看 CAN1 信号　按<Ctrl+Alt+T>打开输入终端，输入 candump can1 单击回车键，查看有无数据输出。按<Ctrl+C>中断，如图 1-2-14 所示。

（2）读取毫米波雷达数据流

1）打开智能驾驶装调实训平台软件，在/home/apollo-arm 目录下打开命令行，输入 ./apolloExe，单击回车进入智能驾驶装调实训平台，在指令窗口启动人机交互进入，如图 1-1-18 所示。

2）打开毫米波雷达驱动。进入 dreamview 的 Tasks 界面，单击打开 ModulesCotroller 模块，单击 canbus 按钮和 Radar 按钮，如图 1-2-15 所示。

3）查看毫米波雷达数据。打开智能驾驶装调实训平台，在"监控系统"界面，查看毫米波雷达数据，是否持续有数据刷出，且带有监测到的障碍物数据，如图 1-2-16 所示。

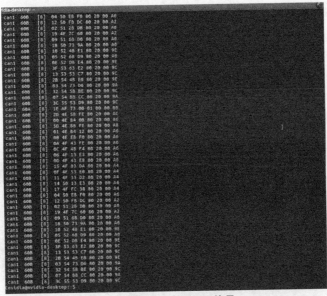

图 1-2-14 查看 CAN1 信号

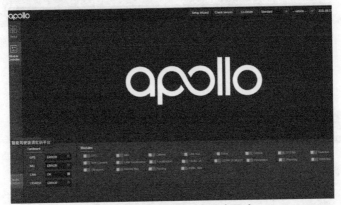

图 1-2-15 打开毫米波雷达驱动

图 1-2-16 查看毫米波雷达数据

3. 毫米波雷达的标定

1）打开智能驾驶装调实训平台软件，在/home/apollo-arm 目录下打开命令行，输入./apolloExe，在常规设置中打开外参设置界面，如图 1-2-17 所示。

2）根据毫米波雷达的安装位置，在 translation 一栏中输入毫米波雷达相对车辆坐标系的坐标值（X，Y，Z），在 rotation 一栏中输入毫米波雷达由欧拉角转换的四元数，如图 1-2-18 所示。

图 1-2-17　打开智能驾驶装调实训平台软件　　　图 1-2-18　毫米波雷达标定

4. 整理工位

1）关闭计算机主机。

2）关闭电源控制盒上 AGX、LCD、RADAR、M2 等电源开关。

3）关闭主电源开关和动力蓄电池包开关。

三、毫米波雷达的故障检修

1. 作业准备

1）清洁操作工位。用抹布清洁各零部件、万用表和安全防护工具等，如图 1-2-19 所示。

2）正确使用安全防护工具。

3）工具、设备的检查。检查万用表是否正常。

4）开启电源。打开动力蓄电池包开关和主电源开关，打开电源控制盒上 AGX、LCD、RADAR、M2 等电源开关。

2. 故障点的确定

（1）检查毫米波雷达 CAN1 线信号　按<Ctrl＋Alt＋T>打开输入终端，输入"candump can1"单击回车键，查看有无数据输出，无输出数据，如图 1-2-20 所示。

（2）检查毫米波雷达电源线

1）拆下毫米波雷达电源线。关闭毫米波雷达电源开关，拆下毫米波雷达电源线。

2）测量毫米波雷达电源线是否断路。用万用表校零后，将万用表旋转至欧姆档，测量电源线通断。

图 1-2-19　作业准备

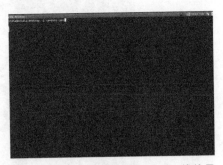

图 1-2-20　检查毫米波雷达 CAN1 线信号

① 测量电源正极是否断路，如图 1-2-21a 所示。

② 测量电源负极是否断路，如图 1-2-21b 所示。

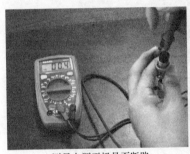

a) 测量电源正极是否断路　　　　　　b) 测量电源负极是否断路

图 1-2-21　测量电源线通断

3）测量毫米波雷达电源线是否短路。用万用表校零后，将万用表旋转至欧姆档，测量电源线通断，如图 1-2-22 所示。

（3）检查毫米波雷达 CAN 线

1）检查 CAN 线是否断路。拆下毫米波雷达 CAN 线束，测量 CAN-H 和 CAN-L 是否断路。

① 测量 CAN-H 是否断路，如图 1-2-23a 所示。

② 测量 CAN-L 是否断路，如图 1-2-23b 所示。

2）检查 CAN 线是否短路。测量 CAN-H 和 CAN-L 是否短路，如图 1-2-24 所示。

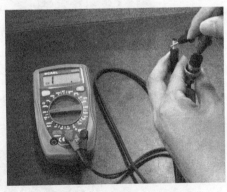

图 1-2-22　测量电源线是否短路

3. 故障排除

（1）更换新的 CAN 线　更换新的 CAN 线如图 1-2-25 所示。

（2）验证故障是否排除　打开毫米波雷达电源开关，使用<Ctrl+Alt+t>打开终端，输入 candump can1，查看有无毫米波雷达 can1 数据（使用<Ctrl+c>可以中断数据刷出），有输出数据，如图 1-2-26 所示。

4. 整理工位

1）关闭终端界面，关闭计算机。

a) 测量CAN-H是否断路   b) 测量CAN-L是否断路

图 1-2-23   测量 CAN 线是否断路

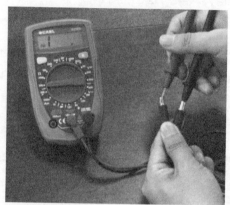

图 1-2-24   测量 CAN 线是否短路

图 1-2-25   更换新的 CAN 线

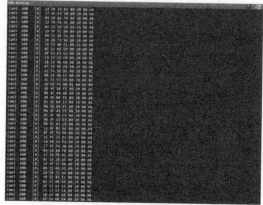

图 1-2-26   打开毫米波雷达电源开关

2）关闭电源控制盒上电源开关。

3）工具、防护用品归位，整理清洁工位。

任务三　超声波雷达的装配与调试

【任务导入】

最常见的车载超声波雷达是"倒车雷达"，倒车雷达在使用过程中通过"滴滴"的警报声提醒驾驶人。雷达的主要用途是测量车辆与其他物体的距离，就像蝙蝠通过超声波捕捉昆虫一样：发出超声波、接收声波反射、信号处理获取昆虫与自身的相对位置。那你知道超声波雷达的分类与应用有哪些吗？超声波雷达的结构与工作原理又是什么？学习本任务，你将回答以上问题。

【知识准备】

一、超声波雷达的分类

超声波雷达在智能网联汽车上的功能主要是探测距离和范围，根据探测区域的大小，常可分为短距超声波雷达（UPA）和长距超声波雷达（APA）两大类。

1. 短距超声波雷达

短距超声波雷达的检测范围约为 25~250cm，其安装在车辆前后保险杠上，用于测量车辆前后障碍物的距离，一般前后保险杠各装配 4 个，如图 1-3-1 所示。

2. 长距超声波雷达

长距超声波雷达的检测范围为 35~500cm，覆盖范围较广，方向性强，传播性能优于短距超声波雷达，不易受到其他超声波雷达的干扰，用于测量侧方障碍物的距离。一般安装于车辆左右侧面各两个，如图 1-3-2 所示。

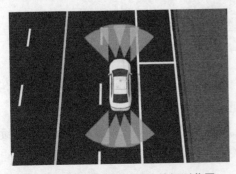

图 1-3-1　短距超声波雷达的探测范围

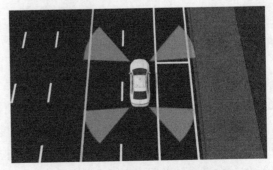

图 1-3-2　长距超声波雷达的探测范围

二、超声波雷达的应用

1. 倒车辅助系统

超声波雷达早期多用于倒车辅助系统中，由于汽车后方为各类后视镜的盲区，且即使驾驶人向后观望，也很难观察到车辆后方底部的环境，因此在倒车辅助系统中，超声波雷达得到了广泛应用。

视觉传感器在汽车中得到了普及应用，但其算法复杂、成本高。而超声波雷达的安装结构简单、成本低廉，适用短距离目标探测。超声波雷达与视觉传感器通过融合的方式用于倒车辅助系统中，为系统提供有效的目标检测和视觉辅助，如图1-3-3所示。

超声波雷达与视觉设备的融合一方面可以提供摄像头范围内外的物体识别与提示，另一方面也可以为视觉识别算法在整幅图像中提供预选的计算区域，有助于对算法进行优化，减少计算时间。

2. 自动泊车系统

以大众汽车第三代超声波半自动泊车系统为例，它通常使用6~12个超声波雷达，车后部的4个短距超声波雷达负责探测倒车时与障碍物之间的距离，侧方的长距超声波雷达负责探测停车位空间。

以侧向车位为例，在泊车过程中，超声波雷达探头返回的探测距离与时间的关系大致如图1-3-4所示。t_2时刻为车位探测的开始时间，t_1时刻为车位探测的停止时间。

图1-3-3 超声波雷达与视觉设备融合的辅助驾驶

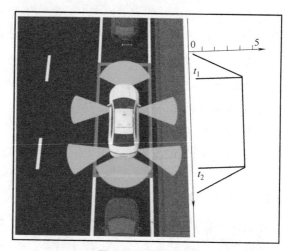

图1-3-4 自动泊车

将t_1时刻到t_2时刻的车速做积分，即可得到车位的近似长度，如果近似认为汽车为匀速行驶，直接用车速乘以（t_2-t_1）即可得到车位的近似长度。

当检测的长度超过车辆泊入所需的最短长度时，则认为当前空间有车位。汽车就会持续使用超声波雷达探头检测车辆与车位间的相对位置关系，同时检测行驶路径上的障碍物，自动操作转向盘和制动器，实现自动泊车。

三、超声波雷达的结构

1. 超声波雷达的概念

超声波雷达利用超声波发生器产生超声波，然后接收探头接收障碍物反射的超声波，并根据超声波反射接收的时差计算出与障碍物的距离。常用探头的工作频率有 40kHz、48kHz 和 58kHz 三种。一般来说，频率越高灵敏度越高，但水平与垂直方向的探测角度就越小，目前应用比较广泛的是 40kHz 的超声波雷达探头。

2. 超声波雷达的基本组成

超声波雷达传感器（或超声波雷达探头）的核心部件是压电超声发生器，它利用压电晶体的共振来工作，如图 1-3-5 所示。在实际应用中，超声波雷达探头内部有两个压电晶片和一个共振板，当对压电晶片两极施加电压脉冲，且脉冲信号的频率与压电晶片的振荡频率相等时，压电晶片将产生共振并驱动谐振器板振动，压电超声发生器产生超声波；如果两个电极之间没有施加电压，当共振板接收到超声波时，压电晶片振动，机械能被转换成电信号，此时压电超声发生器就成为超声波接收器。

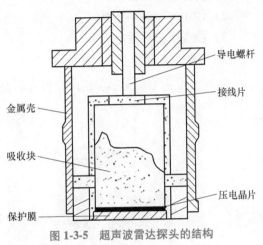

图 1-3-5 超声波雷达探头的结构

四、超声波雷达的工作原理

超声波雷达由控制器控制脉冲调制电路产生一定频率的脉冲，脉冲调制电路驱动超声波雷达探头向一个方向发射超声波，在发射的同时计数器开始计数，超声波在空中传播撞击到障碍物表面时将反射回来。超声波接收器接收到反射后，超声波立即停止发射超声波，接收电路接收到超声波信号后将转换成电信号送至控制器进行数据处理，这就是超声波雷达的工作原理。根据超声波在空气中的传播速度为 340m/s，发射点与障碍物表面之间的距离 L 根据计时器记录的时间 t 计算，即检测距离 $L=340t/2$，如图 1-3-6 所示。

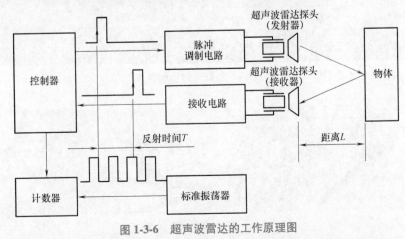

图 1-3-6 超声波雷达的工作原理图

【技能训练】

一、超声波雷达探头的安装及线束连接

1. 作业准备

1）清洁操作工位。

2）使用安全防护用具。

3）检查工具和设备。

2. 超声波雷达探头支架的准备

超声波雷达探头支架和超声波雷达的安装位置如图 1-3-7 和图 1-3-8 所示。

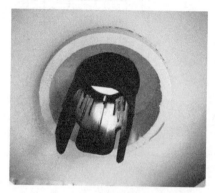

图 1-3-7　超声波雷达探头支架

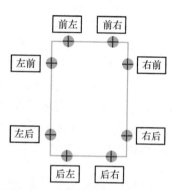

图 1-3-8　超声波雷达的安装位置

3. 超声波雷达探头的安装

（1）安装超声波雷达组件 1　确定超声波雷达探头雷达组件 1（线组 302 和线组 304），各探头具体位置标记如图 1-3-9 和图 1-3-10 所示。

图 1-3-9　超声波雷达组件 1

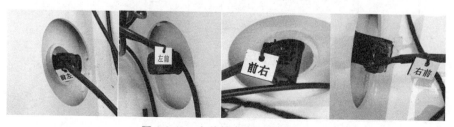

图 1-3-10　安装超声波雷达组件 1

（2）安装超声波雷达组件 2　确定超声波雷达探头雷达组件 2（线组 301 和线组 303），各探头具体位置标记如图 1-3-11 和图 1-3-12 所示。

图 1-3-11　超声波雷达组件 2

图 1-3-12　安装超声波雷达组件 2

4. 超声波雷达线束的连接

（1）连接超声波雷达探头组件 1 线束　将超声波雷达探头组件 1 线束连接到控制器插接器接口 1 中，如图 1-3-13 所示。

图 1-3-13　连接超声波雷达探头组件 1 线束

（2）连接超声波雷达探头组件 2 线束　将超声波雷达探头组件 2 线束连接到控制器插接器接口 2 中，如图 1-3-14 所示。

图 1-3-14　连接超声波雷达探头组件 2 线束

（3）连接超声波雷达控制器总线束 将控制器总线束连接到插接器接口 3 中，如图 1-3-15 所示。

图 1-3-15 连接超声波雷达控制器总线束

5. 整理工位

1）工具整理复位。

2）清洁整理工位。

二、超声波雷达的配置与标定

1. 作业准备

1）清洁操作工位。

2）使用安全防护用具。

3）开启电源。

打开动力蓄电池包开关和主电源开关，如图 1-1-17a 所示。

打开电源控制盒上 AGX、LCD、ULT、M2 等电源开关，如图 1-1-17b 所示。

2. 超声波雷达的配置

（1）查看 CAN0 信号 按<Ctrl+Alt+T>打开输入终端，输入 candump can0 单击回车，查看有无数据输出。按<Ctrl+C>中断，如图 1-3-16 所示。

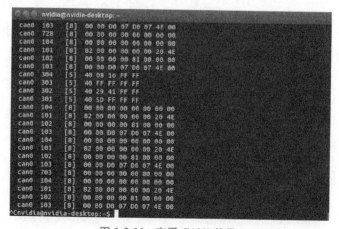

图 1-3-16 查看 CAN0 信号

（2）检查超声波雷达 CAN 信号 检查 CAN0 信号中的 ID 为 301、302、303 和 304 的信号是否缺失，如图 1-3-17 所示。

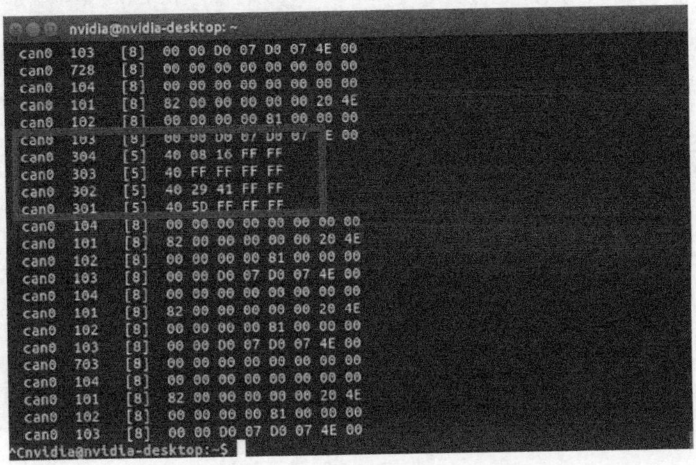

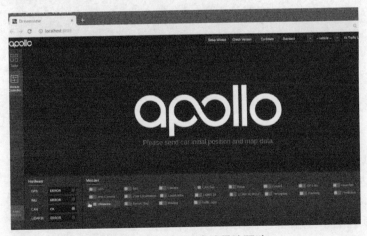

图 1-3-17 检查超声波雷达 CAN 信号

（3）读取超声波雷达数据流

1）打开智能驾驶装调实训平台软件。在/home/apollo-arm 目录下打开命令行，输入 ./apolloExe，单击回车进入智能驾驶装调实训平台，在指令窗口启动人机交互进入，如图 1-1-18 所示。

2）打开超声波雷达驱动。进入 dreamview 的 Tasks 界面，单击打开 ModulesCotroller 模块，打开 canbus 按钮和 Ultrasonic 按钮，如图 1-3-18 所示。

图 1-3-18 打开超声波雷达驱动

3）查看超声波雷达数据。打开智能驾驶装调实训平台，在监控系统界面，查看超声波雷达数据，是否持续有数据刷出，且带有监测到的障碍物数据，如图 1-3-19 所示。

3. 超声波雷达的标定

1）打开超声波雷达配置界面。打开参数设置界面单击"常规设置"，打开超声波雷达配置界面，如图 1-3-20 所示。

图 1-3-19　查看超声波雷达数据

图 1-3-20　打开超声波雷达配置界面

2）配置左后超声波雷达 ID。

① 遮挡雷达探头。一只手捂住超声波雷达探头（以左后探头为例），如图 1-3-21 所示。

② 确定探头位置。观察雷达监测数据，第二个雷达距离最小，如图 1-3-22 所示。

③ 输入左后探头 ID。在超声波雷达探头 ID 里找到 LEFT-REAR，填写雷达 ID 号为 2，如图 1-3-23 所示。

3）确定其他超声波雷达探头 ID 并设置安全距离。根据超声波雷达位置图，确定超声波雷达探头 ID，如图 1-3-24 所示。

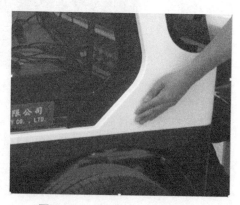

图 1-3-21　遮挡超声波雷达探头

图 1-3-22 确定遮挡超声波雷达探头位置

图 1-3-23 配置超声波雷达探头

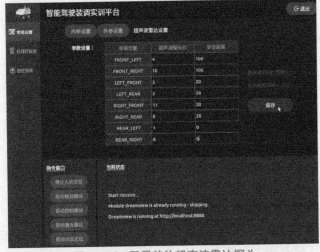

图 1-3-24 配置其他超声波雷达探头

4. 整理工位

1）关闭计算机主机。

2）关闭电源控制盒上 AGX、LCD、RADAR、M2 等电源开关。

3）关闭主电源开关和动力蓄电池包开关。

三、超声波雷达的故障检修

1. 作业准备

1）清洁操作工位。用抹布清洁各零部件、万用表和安全防护工具等，如图 1-2-19 所示。

2）正确使用安全防护工具。

3）工具、设备的检查。检查万用表是否正常。

4）开启电源。打开动力蓄电池包开关和主电源开关，打开电源控制盒上 AGX、LCD、ULT、M2 等电源开关。

2. 故障点的确定

（1）查看超声波雷达 CAN0 线信号

按<Ctrl+Alt+T>打开输入终端，输入 candump can0 单击回车，查看有无数据输出，按<Ctrl+C>中断。查看维修手册，超声波雷达 CAN 信号代码 can0 ID 为 301、302、303 和 304，四组信号缺失，如图 1-3-25 和图 1-3-26 所示。

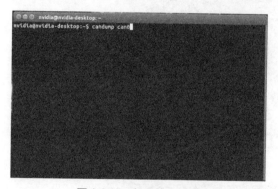

图 1-3-25　打开输入终端

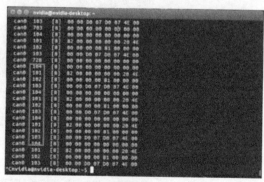

图 1-3-26　查看超声波雷达 CAN0 信号

（2）检查超声波雷达电源线

1）拆下超声波雷达电源线。关闭超声波雷达电源开关，拆下超声波雷达电源线。

2）测量超声波雷达电源线是否断路。用万用表校零后，将万用表旋转至欧姆档，测量电源线通断。

① 测量电源正极是否断路，如图 1-3-27a 所示。

② 测量电源负极是否断路，如图 1-3-27b 所示。

3）测量超声波雷达电源线是否短路。用万用表校零后，将万用表旋转至欧姆档，测量电源线通断，如图 1-2-22 所示。

（3）检查超声波雷达 CAN 线

1）检查 CAN 线是否断路。拆下超声波雷达 CAN 线束，测量 CAN-H 和 CAN-L 是否断路。

① 测量 CAN-H 是否断路，如图 1-3-28a 所示。

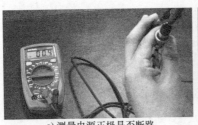

a) 测量电源正极是否断路 b) 测量电源负极是否断路

图 1-3-27 测量电源线通断

② 测量 CAN-L 是否断路，如图 1-3-28b 所示。

a) 测量CAN-H是否断路 b) 测量CAN-L是否断路

图 1-3-28 测量 CAN 线是否断路

2）检查 CAN 线是否短路。测量 CAN-H 和 CAN-L 是否短路，如图 1-3-29 所示。

3. 故障排除

（1）**更换新的 CAN 线** 更换新的 CAN 线如图 1-2-25 所示。

（2）**验证故障是否排除** 打开超声波雷达电源开关，使用<Ctrl+Alt+t>打开终端，输入 candump can0，查看有无超声波雷达 can0 数据（使用<Ctrl+c>可以中断数据刷出），有输出数据，如 1-3-30 所示。

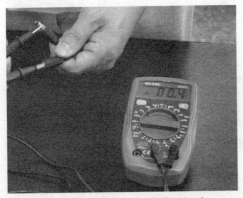
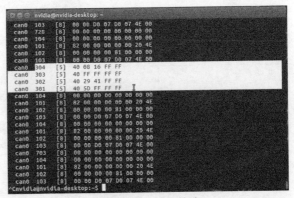

图 1-3-29 测量 CAN 线是否短路   图 1-3-30 验证故障

4. 整理工位

1）关闭终端界面，关闭计算机。

2）关闭电源控制盒上 AGX、LCD、ULT、M2 等电源开关。关闭主电源开关和动力蓄电池包开关。

3）工具、防护用品归位，整理清洁工位。

任务四 视觉传感器的装配与调试

 【任务导入】

视觉传感器相当于汽车的"眼睛"，智能网联汽车在自动驾驶时，对主车周围其他车辆、行人、交通标志、交通信号灯和道路灯目标进行识别，以保障智能网联汽车安全行驶。你知道视觉传感器的分类与应用有哪些吗？视觉传感器的结构与工作原理又是什么？学习本任务，你将回答以上问题。

 【知识准备】

一、视觉传感器的分类

智能网联汽车上视觉传感器按视野覆盖位置可分为前视、环视（侧视+后视）及内视视觉传感器，其中，前视视觉传感器最为关键；根据汽车视觉摄像头模块的不同，又有单目摄像头、双目摄像头、三目摄像头和环视摄像头。不同类型视觉传感器对比见表1-4-1。

表1-4-1　不同类型视觉传感器对比

类型	参考图	优点	缺点
单目摄像头		成本低廉，能够识别具体障碍物的种类，识别准确	由于其识别原理导致其无法识别没有明显轮廓的障碍物，工作准确率与外部光线条件有关，并且受限于数据库，没有自学习功能
双目摄像头		相比单目摄像头，双目摄像头没有识别率的限制，无须先识别，可直接进行测量；直接利用视觉差计算距离精度更高	需要两个摄像头有较高的同步和采用率，技术难点在于双目标定及双目定位
三目摄像头		感知范围更广	同时标定三个摄像头，工作量较大。软件部分需要关联三个摄像头数据，对算法要求高
环视摄像头		360°全景显示	感知范围并不大。主要用于车辆5~10m内的障碍物检测、自主泊车时的库位线识别等

二、视觉传感器的应用

智能驾驶汽车的视觉传感器可实现车道偏离警告、前方碰撞预警、行人碰撞预警、交通标志识别、盲点监控、驾驶人注意力监控、全景停车、停车辅助和车道保持辅助等功能。

1. 车道偏离警告系统

车道偏离警告系统是一种通过及时的警告来辅助驾驶人，以减少因为车道偏离引起的交通事故的系统，主要通过摄像头作为环境感知传感器。

当车道偏离警告系统打开时，摄像头将持续检测环境，在各种气候、光照条件下并通过图像处理识别车道线，如图 1-4-1 所示，感知道路几何形状并获得当前车道中的车辆位置参数，结合车辆状态传感器获得车速、转向灯状态、转向盘转角等车辆动态参数，通过车道偏离评估算法评估车道偏离的可能性（根据转向盘的方向、车辆的速度、车辆与车道的角度来估算偏离时间），必要时通过声音、仪表显示、转向盘/座椅振动等人机交互方式提醒、警告驾驶人。如果驾驶人打开转向灯并正常改变车道，车道偏离警告系统将不会给出任何提示。当车辆异常偏离车道时，传感器将及时收集车辆数据和驾驶人的操作状态，然后由控制器发出警报信号，为驾驶人提供更多的反应时间。

图 1-4-1　各种环境下的车道线检测结果

2. 车道保持辅助系统

车道保持辅助系统基于车道偏离警告系统，在驾驶人未能及时响应预警或者驾驶人将转向任务完全交给自动驾驶系统控制时，控制转向等底盘执行机构，使车辆保持在车道内安全行驶。

3. 汽车防碰撞系统

汽车防碰撞系统主要用于协助驾驶人避免追尾、与行人/非机动车等交通参与者碰撞、与道路上其他障碍物碰撞等交通事故。汽车防碰撞系统基于摄像头/雷达或多种传感器组合方式，检测前方障碍物并评估碰撞风险，根据风险等级进行各级预警直至主动制动等方式提醒驾驶人或者主动控制车辆，避免碰撞事故的发生。

如图 1-4-2 所示，防碰撞系统使用雷达和摄像头探测汽车前方的行人。如果汽车接近行人，前风窗玻璃上首先会亮起红色警告灯，同时鸣响警报声提醒驾驶人。

如果碰撞危险进一步增加，辅助紧急制动系统开始起作用，减小制动衬块和制动盘之间的距离，以缩短制动时间，同时还会增加制动液压，即使驾驶人没有用力踩制动踏板也能进行最有效的制动。如果车辆仍未制动，而系统认为即将发生碰撞，汽车会进行自动制动，最

图 1-4-2　防碰撞系统的预警过程

大限度地降低车速，进而避免事故或减少事故带来的伤害。

4. 交通标志识别系统

如图 1-4-3 所示，车辆安全系统的交通标志识别系统利用前置摄像头组合模式、通过特征识别算法，识别道路上的交通标志，发出预警信号或自动调整车辆运行状态，从而提高车辆的安全性和合规性，此功能可以辅助驾驶人及时发现交通标志。

图 1-4-3　识别交通标志

根据交通标志颜色和形状的预先设计，可以提前对不同的交通标志进行分类，并将颜色和形状分类的结果作为交通标志检测和识别的先验知识。可采用的视觉分类识别方法主要包括基于不同距离的模板匹配识别方法、大量数据样本的机器学习识别方法、粒子群优化和遗传算法等智能算法的识别方法等。

交通标志识别系统包括检测和识别两部分，由于各国、各地区的交通标志设计标准和规范有很大区别，还需要根据不同区域的交通标志对识别算法进行调整。交通标志通常处于复杂的环境条件下，识别过程易受环境照明和转向的影响。

交通标志识别功能可以帮助驾驶人及时发现并识别各类交通标志，避免了因没有及时发现交通指示而违反交通规则等情况，提高了车辆行驶的安全，是智能交通系统和先进辅助驾驶系统的重要组成部分。

5. 换道辅助系统

换道辅助系统的主要功能是清除后视镜盲区，主要通过侧方摄像头、后视摄像头或雷达检测盲区内影响车辆换道的交通参与者，并通过仪表、后视镜指示灯等方式提示驾驶人，避免因为驾驶人视觉盲区导致的换道或转向过程中发生事故的风险。

由于车辆后视镜中有一个视觉盲区，因此在换道或转向过程中，可能无法及时估计或者看到盲区中的车辆，如果盲区内有车辆，则会发生碰撞；另外，在大雨、雾天、夜间光线暗淡的情况下，更难看到后面的车辆，换道或者转向发生交通事故的风险也会增加。

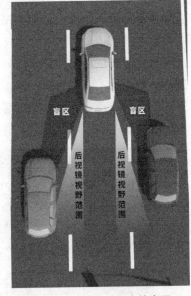

换道辅助系统可以解决后视镜盲点问题，如图 1-4-4 所示，摄像头或者雷达用于探测车辆两侧后视镜盲点内的超车车辆，提醒驾驶人在变道过程中避免后视镜盲点，避免事故发生。

当在盲区检测到对换道或转向有影响的车辆时，安装在后视镜的指示灯闪烁。如果驾驶人没有注意到指示灯的闪烁并准备换车道，在发生碰撞的危险前，系统会及时发出声音警报，再次提醒驾驶人换车道很危险，不应换车道。未来随着感知手段的丰富，感知能力的不断提升，系统会在危险即将发生时主动控制车辆，进一步防止因为驾驶人误操作导致的事故。在换道辅助系统的辅助下，驾驶过程中不间断地检测和提醒，可以有效防止因恶劣天气、驾驶人疏忽、后视镜盲点、新手上路等驾驶过程中的潜在危险造成交通事故。

图 1-4-4　换道过程中的盲区

6. 驾驶人监控系统

驾驶人监控系统包括疲劳监控、驾驶行为监控和注意力监控等。它不断检测驾驶人的驾驶状态，使驾驶人保持安全驾驶所需的注意力，以及在自动驾驶和人工驾驶切换过程中，保证驾驶人有足够时间接管车辆。

驾驶人监控可以分为两种类型，一种是间接式监控，即通过驾驶人对车辆的操纵，判断驾驶人是否处于正常驾驶状态；另一种是直接式监控，即通过摄像头对驾驶人的视线、面部状态等进行跟踪，判断驾驶人状态是否满足安全驾驶需求。

7. 自动泊车辅助系统

如图 1-4-5 所示，泊车辅助是用于泊车或倒车的安全辅助装置。自动泊车辅助系统能够实现车位检测、泊车路径规划和自动泊车控制等。其中，车位检测可以通过超声波雷达或者视觉检测车位线/泊车空间实现，泊车路径规划由自动泊车辅助系统完成，在自动泊车控制过程中，系统根据车辆与车位的相对位置，对驱动、制动、转向甚至换挡和驻车制动系统进行控制。

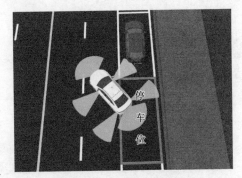

图 1-4-5　自动泊车辅助系统

在自动泊车辅助系统应用的初级阶段，有时系统只能实现侧向车位、垂直车位的检测与路径规划，控制过程中有时需要驾驶人在车上辅助换档或者保持车速在5~10km/h。由于技术的限制，有些自动泊车辅助系统虽然允许驾驶人在车外，但是需要随时监控车辆周围环境，例如一直按住手机APP上的按钮方式实现自动泊车，一旦松手系统就会终止，并停车。

随着智能网联汽车感知手段的不断发展，自动泊车辅助系统的智能化水平会不断提升，驾乘人员可以在离停车场更远的地方离开车辆，由车辆自主完成泊车，且车辆能够响应人的召唤从停车场驶出，自主泊车可以适应的泊车位（甚至无明确泊车标志的泊车空间）的种类会越来越复杂，这样自动泊车辅助系统就能够提供更舒适的驾乘体验。

8. 红外夜视系统

汽车夜视系统采用红外夜视技术实现对夜间行车过程中环境的感知。夜间行车对驾驶人来说是最危险的，因为驾驶人在夜间的能见度很差，而且灯光的范围和亮度有限。在红外夜视的辅助下，驾驶人可以不受光照影响和了解道路的行驶条件，尤其在检测行人等有明显红外辐射的物体中，红外夜视仪具有明显的优势，如图1-4-6所示。

图1-4-6 红外夜视系统的显示

9. 全景环视系统

如图1-4-7所示，汽车全景环视系统包括多个安装在汽车周围的摄像头、图像采集组件、视频合成/处理组件、数字图像处理组件和车辆显示器。

这些装置可以同时采集车辆周围的图像，对图像处理单元进行变形恢复—视图转换—图像拼接—图像增强，最终形成车辆360°全景视图。

通过更复杂的空间图像拼接算法，可以消除传统俯视图拼接带来的近距离畸变，提供一种立体环视的效果，能够更好地辅助驾驶人了解车辆周围环境。

输出全景图　后视摄像头　右视摄像头　左视摄像头　系统主机　前视摄像头

图1-4-7 全景环视系统

三、视觉传感器的结构

1. 视觉传感器的概念

视觉传感器又称为成像装置或摄像装置，是智能车辆路径识别模块中摄像头的重要组成部分，可以检测可见光、紫外线、X射线和近红外光等，实现视觉功能的信息采集、转换和扩展，提供可视化、真实、多级、多内容的视觉图像信息，用于实现以上信息处理的图像传感器控制芯片如图1-4-8所示。

图 1-4-8　图像传感器控制芯片

2. 视觉传感器的基本组成

广义的视觉传感器主要由光源、镜头、图像传感器、模-数转换器、图像处理器和图像存储器等组成；狭义的视觉传感器是指图像传感器，它的作用是将镜头所成的图像转变为数字和模拟信号输出，是视觉检测的核心部件，分为 CCD 图像传感器和 CMOS 图像传感器两种，如图1-4-9所示。

智能网联汽车上的视觉传感器指的主要是车载视觉传感器，是 ADAS（高级驾驶辅助）系统的主要视觉传感器，借由镜头采集图像后，由视觉传感器内的感光组件电路及控制组件对图像进行处理并转化为计算机能处理的数字信号，从而实现感知车辆周边的路况。

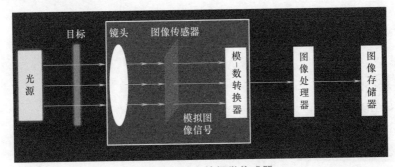

图 1-4-9　狭义的视觉传感器

四、视觉传感器的工作原理

1. 单目摄像头的工作原理

单目摄像头的工作原理是先识别后测距，首先通过图像匹配对图像进行识别，然后根据图像的大小和高度进一步估计障碍物和车辆移动时间，如图1-4-10所示。单目摄像头是自动驾驶车辆系统中最重要的传感器之一，通过车道线检测和车辆检测，可以实现车道保持和自适应巡航功能。它具有成本低、帧速率高、信息丰富、检测距离远等优点，但易受光照、气候等环境影响，缺乏目标距离等深度信息，对目标速度的测量也有一定影响。

图 1-4-10　识别车尾部及行人数据

2. 双目摄像头的工作原理

双目摄像头的工作原理是先对物体与本车距离进行测量，然后再对物体进行识别，在距离测量阶段，先利用视差直接测量物体与汽车之间的距离，原理与人眼相似。当两只眼睛注视同一物体时，会有视差，分别闭上左右眼看物体时，会发现感觉位移，这种位移大小可以用来测量目标物体的距离。在目标识别阶段，双目摄像头仍然使用与单目摄像头相同的符号特征提取和机器学习算法来进一步识别目标。与单目摄像头相比，双目摄像头更适用于获取单目摄像头无法准确识别的信息。由于目标距离越远、视差越小，双目摄像头在 20m 内测距精度较高，随着距离增大，精度会下降。

3. 红外摄像头的工作原理

由于夜间可见光成像的信噪比较低，从而导致基于可见光的视觉摄像头夜间成像度增大，而远红外系统在这个时候就能发挥自身独特的优势。自然界中一切温度高于绝对 0℃ 的物体，每时每刻都会向外辐射红外线。红外线的物理本质是热辐射，也是一种电磁波。红外线是从物质内部发射出来的，产生红外根源是物质内部分子热运动。因此在光照不足条件下红外摄像头是一种有效补充。

【技能训练】

一、双目摄像头的安装及线束连接

1. 作业准备

1）清洁操作工位。

2）使用安全防护用具。

3）检查工具和设备。

2. 双目摄像头的安装

（1）安装双目摄像头及其支架

1）安装双目摄像头支架。准备双目摄像头支架，将螺栓（六个）放入支架中，并紧固固定螺栓，如图 1-4-11 所示。

2）安装双目摄像头。准备双目摄像头，将螺栓（四个）放入支架中，并紧固固定螺栓，如图 1-4-12 所示。

图 1-4-11　安装双目摄像头支架

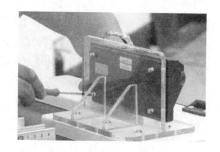

图 1-4-12　安装双目摄像头

（2）连接双目摄像头的线束

1）连接插接件。与双目摄像头相机接口连接，如图 1-4-13 所示。

2）连接电源线束。一端连接双目摄像头电源接口，另一端连接电源盒航空插头接口，如图 1-4-14 所示。

图 1-4-13　连接插接件

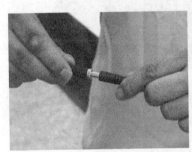

图 1-4-14　连接电源线束

3）连接网线。一端连接双目摄像头网线接口，另一端连接车载路由器网线接口，如图 1-4-15 所示。

图 1-4-15　连接网线

3. 整理工位

1）工具整理复位。

2）清洁整理工位。

二、双目摄像头的参数配置

1. 作业准备

1）清洁操作工位。

2）使用安全防护用具。

3）开启电源。

打开动力蓄电池包开关和主电源开关，如图 1-1-17a 所示。

打开电源控制盒上 AGX、LCD、CAM、M2 等电源开关，如图 1-1-17b 所示。

2. 双目摄像头参数的配置

1）车辆准备。车辆放置在车道线中间，停放要求如图 1-4-16 所示。

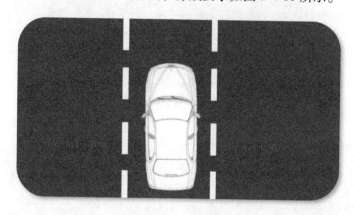

图 1-4-16　车辆摆放位置

2）相机检测，如图 1-4-17 所示。

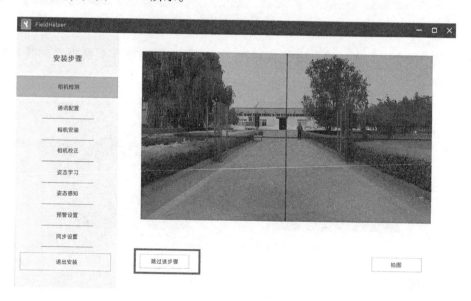

图 1-4-17　相机检测

3）通信配置，如图 1-4-18 所示。

4）相机安装，如图 1-4-19 所示。

5）相机校正，如图 1-4-20 所示。

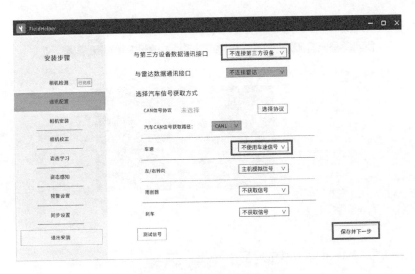

图 1-4-18　通信配置

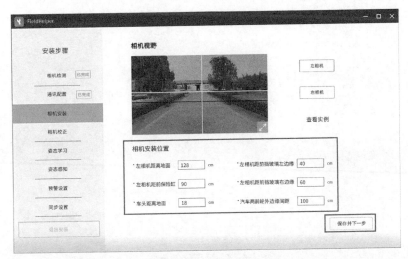

图 1-4-19　相机安装

图 1-4-20　相机校正

6）姿态学习配置，如图 1-4-21 所示。

图 1-4-21 姿态学习配置

7）姿态感知设置，如图 1-4-22 所示。

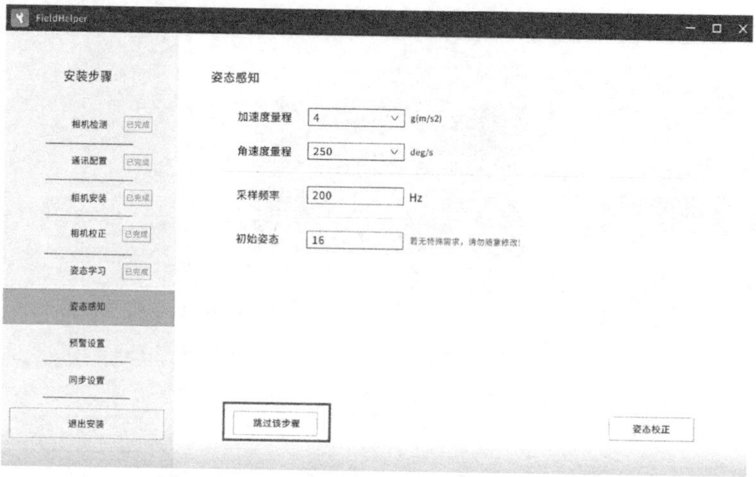

图 1-4-22 姿态感知设置

8）预警设置，如图 1-4-23 所示。

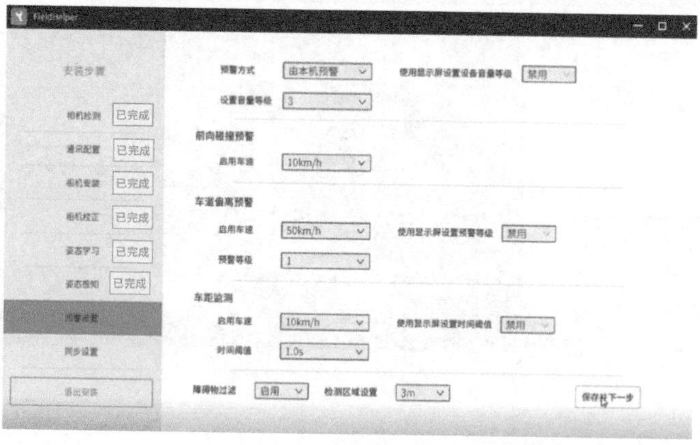

图 1-4-23 预警设置

9）完成参数配置，如图 1-4-24 所示。

图 1-4-24　完成参数配置

3. 整理工位

1）关闭计算机主机。

2）关闭电源控制盒上 AGX、LCD、RADAR、M2 等电源开关。

3）关闭主电源开关和动力蓄电池包开关。

三、双目摄像头的故障检修

1. 作业准备

1）清洁操作工位。用抹布清洁各零部件，如图 1-4-25 所示。

图 1-4-25　作业准备

2）正确使用安全防护工具。

3）工具、设备的检查。检查万用表是否正常。

4）开启电源。打开动力蓄电池包开关和主电源开关，打开电源控制盒上 AGX、LCD、CAM、M2 等电源开关。

2. 故障点的确定

（1）检查双目相机网络信号　鼠标右击单击空白处，选择 open in terminal 打开命令行，输入：ping 192.168.1.251，双目摄像头无网络信号，如图 1-4-26 所示。

图 1-4-26　检查双目相机网络信号

（2）检查双目摄像头电源线

1）拆下双目摄像头电源线。关闭双目摄像头电源开关，拆下双目摄像头电源线。

2）测量双目摄像头电源线是否断路。

用万用表校零后，将万用表旋转至欧姆档，测量电源线通断。

① 测量电源正极是否断路，如图 1-4-27a 所示。

② 测量电源负极是否断路，如图 1-4-27b 所示。

a) 测量电源正极是否断路　　　b) 测量电源负极是否断路

图 1-4-27　测量电源线通断

3）测量双目摄像头电源线是否短路。用万用表校零后，将万用表旋转至欧姆档，测量电源线通断，如图 1-4-28 所示。

（3）检查双目摄像头网线　关闭双目摄像头电源开关，拔下双目摄像头网线，用网线测试器测试网络是否通断，显示网络不通，如图 1-4-29 所示。

图 1-4-28　测量电源线是否短路

图 1-4-29 检查双目摄像头网络数据线

3. 故障排除

（1）更换新网线并测试通断 将新网线分别连接双目摄像头控制器和车载路由器，如图 1-4-30 所示。

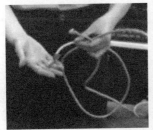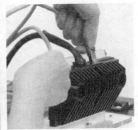

图 1-4-30 更换新网线并测试通断

（2）验证故障是否排除 打开双目摄像头电源，鼠标右击单击空白处，选择 open in terminal 打开命令行，输入：ping 192.168.1.251，双目摄像头信号显示正常，故障排除，如图 1-4-31 所示。

图 1-4-31 验证故障是否排除

4. 整理工位

1）关闭终端界面，关闭计算机。

2）关闭电源控制盒上电源开关。

3）工具、防护用品归位，整理清洁工位。

任务五　组合导航的装配与调试

【任务导入】

要实现智能网联汽车的自动驾驶功能，离不开车辆的导航定位技术。那你知道组合导航的分类与应用有哪些吗？组合导航的结构与工作原理又是什么？学习本任务，你将回答以上问题。

【知识准备】

一、组合导航的分类

以惯性导航系统为主系统，根据组合的导航技术不同，组合导航可分为惯导/卫星组合导航系统、惯导/多普勒组合导航系统、惯导/天文组合导航系统、惯导/卫星/天文组合导航系统等。

二、组合导航的应用

卫星导航系统已经在车载和行人领域获得了广泛的应用，其具有全天候、高精度导航等优点，但是由于卫星导航的技术缺陷，容易受到周围环境的影响，在树荫遮挡、高楼林立、高架桥下以及穿山隧道和地下停车场等生活场景中容易造成多路径效应，使定位结果精度降低甚至丢失，如图 1-5-1 所示。

树荫遮挡

地下停车场

高架桥下

高楼林立

穿山隧道

图 1-5-1　组合导航的应用场景

在这几种常见的生活场景中，单一地使用卫星导航无法很好地解决问题，而将卫星导航和惯性导航的优点结合在一起，形成组合导航使用，可以轻松应对这几种场景下无法精准定位的问题。

组合导航常见的应用场景如下：

1）在高架桥下信号干扰较大时。

2）在穿山隧道行驶的过程中，卫星信号丢失时。

3）在地下停车场，卫星信号消失时。

4）在高楼大厦下。

5）在浓密的树荫下，卫星信号不好时。

三、组合导航的结构

1. 组合导航的概念

组合导航是指将两种或两种以上的导航技术组合后的系统。组合导航克服了单一导航的局限性，充分发挥了各自导航的独特性，能够利用多种信息源，构成一种有多余度和导航准确度更高的多功能系统。

2. 汽车定位系统

（1）汽车定位 通俗来讲，汽车定位就是确定汽车所在的位置，汽车定位包括一种基于地图匹配的宏观定位和基于环境感知的微观定位。

（2）汽车定位方式

1）信号定位：GNSS（卫星定位）、WiFi、基站、蓝牙等。

2）航迹推算：采用测距、IMU惯性导航模块等。

3）环境匹配：通过激光雷达、视觉传感器及高精地图进行匹配定位。

3. 卫星定位系统

（1）卫星定位系统的定义 全球导航卫星系统（GNSS）是能在地球表面或近地空间的任何地点为用户提供全天候的三维坐标和速度以及时间信息的空基无线电导航定位系统，它包括全球性的美国的GPS、我国的北斗、俄罗斯的GLONASS以及欧盟的Galileo，如图1-5-2所示。

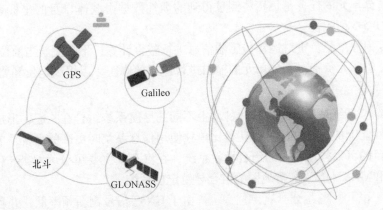

图1-5-2 卫星定位系统

（2）卫星定位系统的组成　以 GPS 为例，卫星定位系统一般由地面控制部分（由主控站、地面天线、监测站和通信辅助系统组成）、空间部分（由 24 颗卫星组成，分布在 6 个道平面上）和用户装置部分（主要由 GPS 接收机和卫星天线组成）三部分构成。

（3）卫星定位系统的工作原理　卫星定位系统利用基本三角定位原理，GNSS 接收装置通过测量无线电信号的传输时间来测量距离。为了计算用户的三维位置和接收机时钟偏差，距离测量要求至少接收来自四颗卫星的信号，工作原理图如图 1-5-3 所示。

卫星定位系统的轨道误差、时钟误差、电离层延迟、对流层延迟等原因会导致定位精度不够精确，目前民用卫星定位的精度一般在 10m 以内。为了使卫星定位系统能够在军事、汽车和测绘等领域达到更高的精度，就需要对卫星定位系统进行增强，增强后定位误差可以达到厘米级。RTK 工作原理图如图 1-5-4 所示。

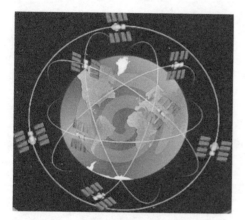

图 1-5-3　卫星定位系统的工作原理图

图 1-5-4　RTK 工作原理图

4. 惯性导航系统

（1）惯性导航系统的定义　惯性导航系统是一种利用惯性敏感器件、基准方向及最初的位置信息来确定运载体在惯性空间中的位置、方向和速度的自主式导航系统，有时也简称为惯导。

（2）惯性导航系统的工作原理

1）姿态解算单元的任务是负责将测量得到的惯性数据由载体自身的坐标系转换到地球坐标系，如图 1-5-5 所示。

2）加速度积分单元负责对运动传感器信息进行整合计算，不断更新当前位置及速度。

3）误差补偿单元负责对积分单元的输出进行适当的修正，以提高定位和姿态精度。

5. 组合导航定位系统

组合导航定位系统是指把两种或两种以上不同的导航系统组合在一起，形成一个有机的整体。利用其性能上的互补特性，以获得比单独使用任意系统时更高的系统性能。根据不同的应用要求与目的可以构成不同的组合导航系统，在汽车上主要可分为 GNSS 和 INS 的组合导航定位系统和 GNSS+INS+高精地图的组合导航定位系统。

（1）GNSS 和 INS 的组合导航定位系统　由于 GNSS 信号刷新频率低，并且在有些道路上还会出现信号丢失或多路径的现象，因此在短时间内可以使用 INS 来进行替代。但 INS 长

图 1-5-5 惯性导航系统的工作原理图

时间使用时，定位精度会发生漂移，又必须通过 GNSS 离散测量值进行修正。由此可见，GNSS 和 INS 有很强的互补性，现在大部分汽车都采用了这种组合式定位方式，GNSS 和 INS 组合导航定位系统原理图如图 1-5-6 所示。

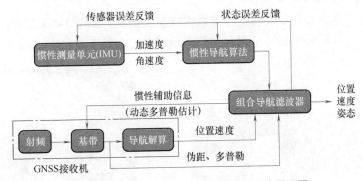

图 1-5-6 GNSS 和 INS 组合导航定位系统原理图

（2）GNSS+INS+高精地图的组合导航定位系统 在未来 L3、L4 级别的辅助驾驶中，不仅会采用 GNSS 和 INS 定位技术，还会用激光雷达和视觉传感器的信息和高精地图进行比对，通过环境特征匹配来进行高精度定位，如图 1-5-7 所示。

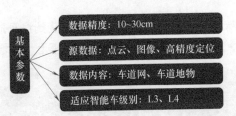

图 1-5-7 GNSS+INS+高精地图的组合导航定位系统

四、组合导航的工作原理

由于不同的惯性组合导航选用的导航技术不同，工作原理也不同，但思想基本一致，主要包括以下三点：

1）惯性导航系统的输出信号与独立测量的由其他导航系统导出的相同量进行比较。

2）通过卡尔曼滤波器或者其他滤波方法给出对导航系统误差的实时估计。

3）通过适当的校正方式，对惯性导航系统进行修正，就有可能获得比单独惯性导航系统更高的导航精度。

【技能训练】

一、组合导航的安装及线束连接

1. 作业准备

1）清洁操作工位。

2）使用安全防护用具。

3）检查工具和设备。

2. 组合导航定位模块的安装

（1）安装组合导航天线　安装组合导航天线在支架上，如图1-5-8所示。

（2）安装组合导航天线底座　组合导航天线底座装入底座滑轨中，如图1-5-9所示。

图1-5-8　安装组合导航天线

图1-5-9　安装组合导航天线底座

（3）安装组合导航模块主机　组合导航模块主机安装到汽车底座上，如图1-5-10所示。

（4）安装HUB集线器　HUB集线器安装到汽车底座上，如图1-5-11所示。

图1-5-10　安装组合导航模块主机

图1-5-11　安装HUB集线器

3. 组合导航定位模块线束的连接

1）连接组合导航定位天线线束，如图1-5-12所示。

2）连接组合导航定向天线线束，如图1-5-13所示。

图 1-5-12 连接组合导航定位天线线束

图 1-5-13 连接组合导航定向天线线束

3）连接组合导航主机数据线，如图 1-5-14 所示。

图 1-5-14 连接组合导航主机数据线

4）连接 USB 转 485 线束，如图 1-5-15 所示。

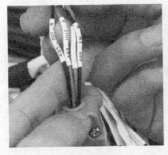

图 1-5-15 连接 USB 转 485 线束

5）连接 USB 转 232 线束，如图 1-5-16 所示。

图 1-5-16　连接 USB 转 232 线束

6）连接 USB 转 type-c 线束，如图 1-5-17 所示。

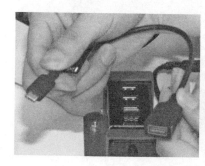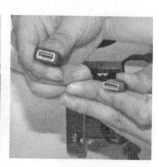

图 1-5-17　连接 USB 转 type-c 线束

7）连接组合导航定位模块电源直流电源线束，如图 1-5-18 所示。

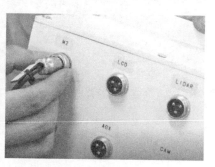

图 1-5-18　连接组合导航定位模块电源直流电源线束

4. 整理工位

1）工具整理复位。

2）清洁整理工位。

二、组合导航的配置与标定

1. 作业准备

1）清洁操作工位。

2）使用安全防护用具。

3）开启电源。

打开动力蓄电池包开关和主电源开关，如图 1-1-17a 所示。

打开电源控制盒上 AGX、LCD、M2 等电源开关，如图 1-1-17b 所示。

2. GPS 接收机配置

（1）打开智能驾驶装调实训平台软件 在/home/apollo-arm 目录下打开命令行，输入 ./apolloExe，单击回车进入智能驾驶装调实训平台，在指令窗口启动人机交互进入，如图 1-1-18 所示。

（2）打开组合导航驱动 进入 dreamview 的 Tasks 界面，单击打开 Setup wizard 界面，单击进入 GPS 接收机配置界面，如图 1-5-19 所示。

图 1-5-19 打开组合导航驱动

（3）配置车辆位置信息 对车辆基本信息进行配置，单位为 m，如图 1-5-20 所示。

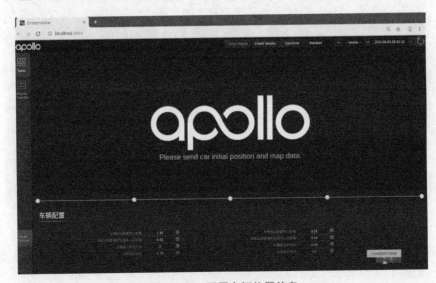

图 1-5-20 配置车辆位置信息

（4）配置 GPS 接收机　设置 RTK 基站地址：203.1207.45.154，RTK 基站端口：8002，RTK 基站用户名：×××、密码：×××，RTK 基站挂载点：RTCM32_GGB，如图 1-5-21 所示。

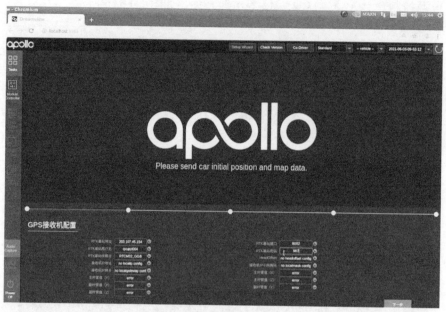

图 1-5-21　配置 GPS 接收机

（5）配置完成　配置完成如图 1-5-22 所示。

图 1-5-22　配置完成

（6）确认 RTK 信息　进入/apollo/modules/drivers/gnss/conf 文件夹内，确认文件中的 RTK 信息，如图 1-5-23 所示。

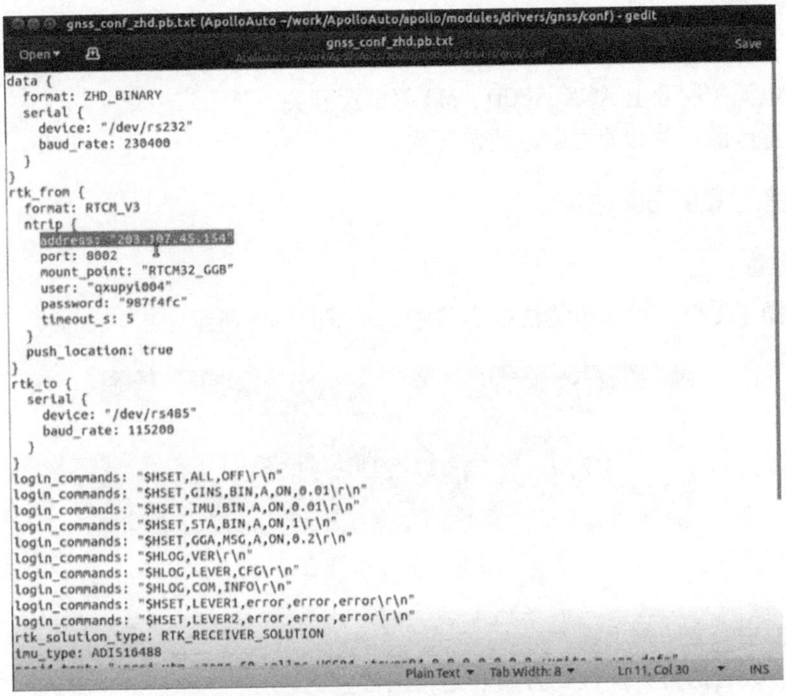

图 1-5-23　确认 RTK 信息

（7）查看配置文件　打开导航全局配置文件，核对配置文件内容是否有误，导航全局配置文件路径为/apollo/modules/drivers/gnss/conf/gnss. conf，如图 1-5-24 所示。

图 1-5-24　查看配置文件

3. 整理工位

1）关闭计算机主机。

2）关闭电源控制盒上 AGX、LCD、M2 等电源开关。

3）关闭主电源开关和动力蓄电池包开关。

三、组合导航的故障检修

1. 作业准备

1）清洁操作工位。用抹布清洁各零部件，如图 1-5-25 所示。

图 1-5-25 作业准备

2）正确使用安全防护工具。

3）工具、设备的检查。检查万用表是否正常。

2. 故障点的确认

车辆在自动驾驶过程中不能正常行驶，主要对组合导航进行故障检修，其检测步骤如下。进入仿真调试车间：

1）单击"组合导航"按钮，会显示出组合导航的定位数据界面，显示车辆方向不定摆动的画面，如图 1-5-26 所示。

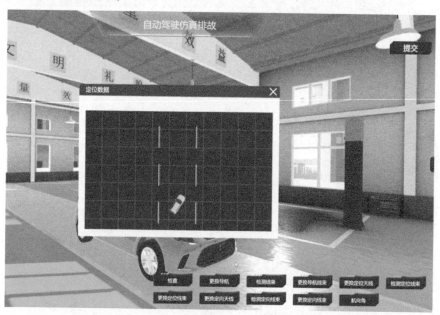

图 1-5-26 单击"组合导航"按钮

2）单击"检查线束"按钮，会出现相应的检查线束界面，用万用表依次进行线束通断的测量，发现定向天线线束断路，如图 1-5-27 所示。

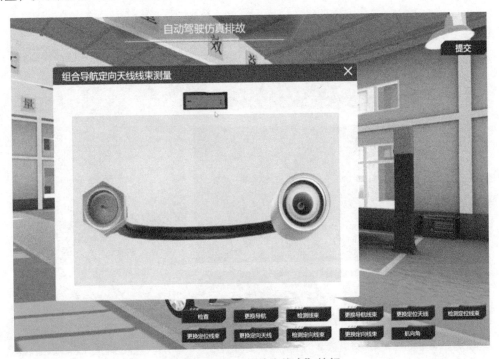

图 1-5-27　单击"检查线束"按钮

3. 故障排除

1）单击"更换定向天线线束"，如图 1-5-28 所示。

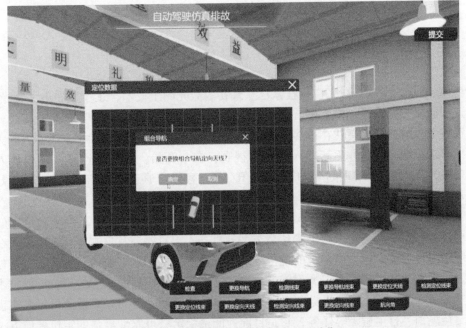

图 1-5-28　单击"更换定向天线线束"

2）验证故障是否排除，单击"组合导航"按钮，会显示出组合导航的定位数据界面，显示正常，如图 1-5-29 所示。

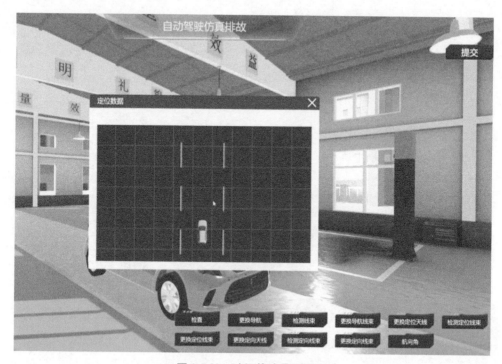

图 1-5-29 验证故障是否排除

4. 整理工位

1）关闭终端界面，关闭计算机。

2）工具、防护用品归位，整理清洁工位。

【延伸阅读】

经历 40 余年的发展，激光雷达技术已从最初的激光测距技术，逐步发展出了激光跟踪、激光测速、激光扫描成像、激光多普勒成像等技术，因此出现了各种种类的激光雷达，被广泛应用于各个领域。激光雷达在很多年前，并未被大众所熟知，直至近年来机器人和无人驾驶技术的兴起，激光雷达才逐渐进入人们的视野，在一开始，激光雷达不只为机器人（包括无人驾驶）而诞生，它还被广泛应用于 VR/AR、智慧交通、海洋探索和渔业资源监测、3D 打印等领域。

（1）机器人领域——机器人实现自主定位导航　如图 1-5-30 所示，自主定位导航是机器人实现自主行走的必备技术，不管什么类型的机器人，只要涉及自主移动，就需要在其行走的环境中进行导航定位，但传统的定位导航方法由于智能化水平较低，没有解决定位导航的问题。激光雷达的出现，在很大程度上化解了这个难题，机器人采用的定位导航技术是以激光雷达 SLAM 为基础，增加视觉和惯性导航等多种传感器融合的方案帮助机器人实现自主建图、路径规划、自主避障等任务，它是目前性能最稳定、可靠性最强的定位导航方法，且使用寿命长，后期改造成本低。

图 1-5-30　自主移动式机器人

扫地机器人是目前单线激光雷达应用最广泛的领域，激光雷达配合 SLAM 算法，可以让扫地机器人在房间里实现智能清扫，清扫的过程中绘制地图，实时传输到手机 APP，就算用户不在家，也可以通过手机 APP 查看清扫情况，以及安排其他地方清扫。

（2）无人车领域——自主感知道路环境及规划路线　如图 1-5-31 所示，在无人车领域，激光雷达主要以多线数为主，作用与机器人领域相当，主要是帮助汽车自主感知道路环境，自动规划行车路线，并控制车辆到达预定的目标。激光雷达是怎么帮助汽车识别路口与方向的呢？激光雷达使用的技术是飞行时间，就是根据激光遇到障碍物后的折返时间，计算目标与自己的相对距离。激光光束可以准确测量视场中物体轮廓边沿与设备间的相对距离，这些轮廓信息组成所谓的点云并绘制出 3D 环境地图，精度可达到厘米级别，从而提高测量精度。

（3）无人机领域——规避障碍物　如图 1-5-32 所示，目前，激光雷达在低空飞行直升机障碍物规避方面已进入实用阶段，在其他军事应用研究领域也日趋成熟。直升机在进行低空巡逻飞行时，极易与地面小山或建筑物相撞。为此，研制能规避地面障碍物的直升机机载雷达是人们梦寐以求的愿望。目前，这种雷达已在美国、德国和法国获得了成功。

图 1-5-31　无人车

图 1-5-32　无人机

美国研制的直升机超低空飞行障碍规避系统，使用固体激光二极管发射机和旋转全息扫描器可检测直升机前很宽的空域，地面障碍物信息实时显示在机载平视显示器或头盔显示器上，为安全飞行起到了很大的保障作用。

【学习小结】

通过本项目的学习，掌握了激光雷达、毫米波雷达、超声波雷达、视觉传感器和组合导航的结构和工作原理、分类与应用、安装及线束连接、配置与标定、故障检修，为掌握智能网联汽车的环境感知技术打下坚实的基础。

【课后习题】

一、单项选择题

1. 激光雷达比较重要的测评参数不包含（　　）。

A. 最大测距　　　　B. 检测距离　　　　C. 最佳分类测距　　　D. 激光的波长

2. 单线激光雷达获得的是（　　）数据。

A. 2D　　　　　　　B. 3D　　　　　　　C. 4D　　　　　　　D. 5D

3. 为了使激光雷达数据从激光雷达坐标统一转换到车体坐标上，需要对激光雷达进行（　　）参数标定。

A. 横摆角　　　　　B. 侧倾角　　　　　C. 俯仰角　　　　　D. 以上均是

4. 自动驾驶汽车应用了各种传感器，如超声波雷达、毫米波雷达、激光雷达、摄像头等，其中（　　）是唯一受气候影响最小的，具有全天候特性，是其他传感器所不具备的。

A. 摄像头　　　　　B. 超声波雷达　　　C. 激光雷达　　　　D. 毫米波雷达

5. 超声波雷达主要用于（　　）目标物的探测。

A. 短距离　　　　　B. 中距离　　　　　C. 长距离　　　　　D. 以上均不对

6. 超声波雷达多用于精准测距，基本原理是通过测量超声波发射脉冲和接收脉冲的时间差，结合空气中超声波传输速度计算相对距离。常见的超声波雷达安装于（　　）上，用于测量汽车前后障碍物；安装于汽车侧面，用于测量侧方障碍物距离。

A. 汽车前后保险杠　　　　　　　　B. 汽车驾驶室内

C. 汽车车顶　　　　　　　　　　　D. 汽车发动机

7. 一种装在汽车侧面测量侧方障碍物距离的超声波雷达，称为全自动泊车辅助系统，简称为（　　）。

A. UPA　　　　　　B. URA　　　　　　C. APA　　　　　　D. ARA

8. 先进驾驶辅助系统（ADAS）采用的传感器主要有（　　）、雷达、激光和超声波等，可以探测光、热、压力或用于监测汽车其他状态的变量，通常位于车辆的前后保险杠、侧视镜、驾驶室内部或者风窗玻璃上。

A. 摄像头　　　　　B. 计算机　　　　　C. 投影仪　　　　　D. 转速传感器

9. 自动驾驶领域常利用（　　）实现车辆定位。

A. 惯性导航系统　　　　　　　　　B. 卫星定位系统

C. 视觉传感器　　　　　　　　　　D. 卡尔曼滤波器综合卫星定位系统和惯性导航系统

10. 关于卫星网络的描述，不正确的是（　　　）。

A. 通信距离远 　　　　　　　　　　B. 通信频带宽

C. 传输延迟小 　　　　　　　　　　D. 通信线路可靠

二、判断题

1. 激光雷达主要由激光发射器、激光接收器、信号处理单元这三大核心组件构成。（　　）

2. 检查毫米波雷达 CAN 线通断，使用检测工具万用表。（　　）

3. 常见的超声波雷达分为低频率超声波雷达（UPA）和高频率超声波雷达（APA）两大类。（　　）

4. 在双目摄像头配置与标定操作时，车辆应停在紧贴右侧车道线。（　　）

5. 组合导航是组合多种导航技术，更好适应多种场景。（　　）

三、填空题

1. 激光测速雷达测物体移动速度的方法主要有_____和_____两类。

2. 安装毫米波雷达时，将 CAN 线接口连接至_____，电源线接口连接至电源盒_____处。

3. 查看超声波雷达 CAN0 线信号，按<Ctrl+Alt+T>打开输入终端，输入_____单击回车，查看有无数据输出。

4. 传感器可实现_____、_____、_____和_____等功能。

5. 组合导航在电源控制盒上标识为_____。

项目二

自动驾驶计算平台的装配与调试

【案例导入】

计算平台以环境感知数据、导航定位信息、车辆实时数据、云端智能计算平台数据和其他V2X交互数据等作为输入，基于环境感知定位、智能规划决策和车辆运动控制等核心控制算法，输出驱动、转向和制动等执行控制指令，实现车辆智能驾驶路径的决策规划控制。

自动驾驶计算平台的结构与工作原理是什么？自动驾驶计算平台的分类与应用有哪些？自动驾驶计算平台的安装及线束连接、故障检修操作方法又是什么？学习本项目，便可以得到答案。

【项目目标】

知识与技能	过程与方法	情感态度与价值观
1）了解自动驾驶计算平台的结构和工作原理 2）了解自动驾驶计算平台的分类与应用 3）掌握自动驾驶计算平台的安装及线束连接 4）掌握自动驾驶计算平台故障检修的步骤和方法	1）采用一体化分小步教学方法，边讲边练边评，提高学生操作技能 2）通过电子教案辅助学习，培养学生自主学习和探究学习能力 3）任务驱动教学法：通过布置任务，学生集体讨论，小组互助竞赛机制，激发学生的学习兴趣	1）通过知识的学习，培养学生乐观的生活态度、求真的科学态度、宽容的人生态度 2）通过图片、视频及案例引导学生积极思维，激发学生学习兴趣和求知欲望 3）通过对实训步骤进行分析，提高学生分析和知识迁移的能力 4）通过实践训练，培养学生实事求是、自强不息、爱岗敬业、团队合作的精神

任务一 自动驾驶计算平台的装配

【任务导入】

随着智能网联汽车的发展，车载传感器的数量日益增加，日趋完善的性能对车载计算平台算力的需求更高。相较于低级别的自动驾驶，高等自动驾驶系统从传感器获取的数据量大大增加，而自动驾驶系统的良好运行需要车载计算平台对这些数据进行准确、高效的处理，高级别自动驾驶中车载计算平台的芯片算力需求还将持续提升。那你知道自动驾驶计算平台的结构与工作原理是什么吗？学习本任务，你将回答以上问题。

【知识准备】

一、自动驾驶计算平台的认知

自动驾驶汽车是在传统线控汽车的基础上通过加装激光测距仪、毫米波雷达、视觉传感器、V2X 设备、Mobileye 等环境感知传感器，同时使用带 RTK 的卫星导航和惯导定位，再搭配高性能的计算平台，最后将决策的运动控制指令下发到车辆的 CAN 总线上，实现在复杂路况场景下对车辆的自动驾驶控制，尽可能减少人工干预。自动驾驶系统框架结构图如图 2-1-1 所示。

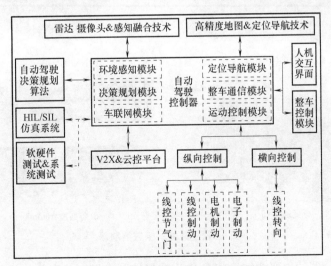

图 2-1-1 自动驾驶系统框架结构图

计算平台是自动驾驶汽车的运算大脑，比如像 SLAM 的 ESKF、EKF、UKF 等滤波算法，多传感器融合算法，状态机、马尔可夫等决策算法，A＊、D＊、RRT 等路径规划算法，MDP、POMDP 等轨迹预测算法，降维、分类、回归等机器学习算法以及图像视觉处理中图像分类、图像检测、图像分割、目标跟踪等都需要很高的处理器计算能力，普通 ECU 级别的处理器根本难于应对如此大的运算量，必须靠加装的计算平台来实现海量的数据处理。

随着智能网联汽车的发展，车载传感器的数量日益增加，日趋完善的性能对车载计算平台算力的需求更高。相较于低级别的自动驾驶，高等自动驾驶系统从传感器获取的数据量大大增加，而自动驾驶系统的良好运行需要车载计算平台对这些数据进行准确、高效的处理，高级别自动驾驶中车载计算平台的芯片算力需求还将持续提升。

二、自动驾驶域控制器的发展

在传统的分布式架构下，主要靠 ECU 和传感器数量的增加来实现功能增加与算力提升。ECU 是分布于汽车车身各处的小型计算单元，用于处理该部分汽车结构的计算信息。ECU 的核心是中央处理器 CPU，此外也包括 MPU、MCU，周边包括存储器、输入输出接口等结构。

车内 ECU 复杂程度提高，集中化成为必要趋势：伴随汽车电子化的发展，车内 ECU 数量不断增多，构成汽车的分布式电子电气架构。传统豪车（如奔驰、宝马、奥迪等品牌）的 E/E 架构中，ECU 的数量达到 100 个左右，最高达到 150 个。大量的 ECU 通过 CAN 总线来进行信息交互。随着车内智能化水平提升，车载屏幕大屏化、高清化，ADAS 系统辅助功能在车内的不断渗透，导致单车需要承载、传输的信息量呈爆发式增长，带动 ECU、线束等投入快速增多。这些问题使传统的 ECU 架构无法满足新的汽车智能化需求，催生了域控制架构的出现，ECU 按照功能和空间关系开始出现融合，智能车辆域控制器如图 2-1-2 所示。

a) 华为MDC 300

b) NXP BlueBox

c) 奥迪zFAS

d) 特斯拉 Autopilot

图 2-1-2　智能车辆域控制器

自动驾驶域控制器的主要功能：DCU 作为功能控制中枢，承担着与驾驶相关的车身区域的"大脑"的角色。域控制器向上通过智能化接口获得传感器、诊断数据与状态数据，向下通过执行器接口传递相关执行指令，起到该功能域计算大脑的核心角色。除了主 DCU 外，该功能域中还会有部分子 ECU 来执行驱动和特殊逻辑策略的工作。除了驾驶域外，座舱、动力安全、底盘、车身也逐步开始形成以域控制器为核心的计算中心的架构，如图 2-1-3 所示。

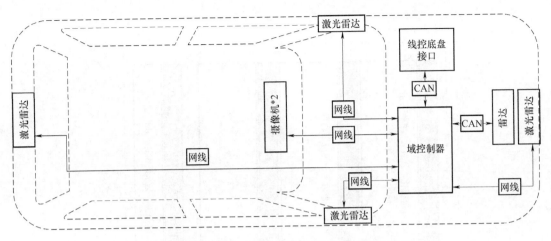

图 2-1-3 基于域控制器的智能车辆硬件系统部署框架

三、主流的自动驾驶计算平台

随着自动驾驶技术的快速发展，汽车对软件特别是操作系统的变革需求越来越高，主机厂、Tier1 供应商和自动驾驶软硬件技术方案提供商纷纷投入大量的人力、物力和财力进行操作系统的研发。目前，国内主流自动驾驶计算平台的开发和应用情况如下：

1. 华为 MDC 智能驾驶计算平台

华为 MDC（Mobile Data Center，移动数据中心）定位为智能驾驶的计算平台。此平台集成华为在 ICT 领域 30 多年的研发与生产制造经验，基于 CPU 与 AI 处理器芯片，搭载智能驾驶 OS，兼容 AUTOSAR，支持 L2～L5 平滑演进，结合配套的完善工具链，客户或生态合作伙伴可灵活快速地开发出针对不同应用场景的智能驾驶应用。华为 MDC 智能驾驶计算平台（简称华为 MDC 平台）性能强劲、安全可靠，是实现智能驾驶全景感知、地图和传感器融合定位、决策、规划、控制等功能的汽车"大脑"。适用于乘用车（如拥堵跟车、高速巡航、自动代客泊车、自动驾驶出租车）、商用车（如港口货运、干线物流）与作业车（如矿卡、清洁车、无人配送）等多种应用场景。

2. 英伟达自动驾驶平台

英伟达（NVIDIA）是全球领先的人工智能计算公司，利用其先进的硬件芯片开发优势，以行业较领先的高性能安全芯片为核心，提供完整的硬件平台和基础软件平台，其架构如图 2-1-4 所示。Xavier 是英伟达首次生产的车规级系统级芯片，该芯片采用了六种不同类型的处理器，包括 CPU、GPU、深度学习加速器（DLA）、可编程视觉加速器（PVA）、图像信号处理器（ISP）和立体/光流加速器。基于 Xavier 芯片，英伟达提供面向自动驾驶开发的 DRIVE AGX XavierTM，算力达到 30 TOPS，面向 L2+和 L3 级自动驾驶；提供 DRIVE AGX PegasusTM 使用两块 Xavier 系统级芯片和两块 Turing GPU，算力达到 320 TOPS，面向 L4 级和 L5 级自动驾驶。

3. 百度 Apollo 开放平台

百度 Apollo 是一套软件平台，其依赖的计算平台硬件需要采用第三方的 IPC，Apollo 开放平台架构如图 2-1-5 所示。百度自行研发了两款辅助性硬件 ASU（Apollo 传感器单元）和

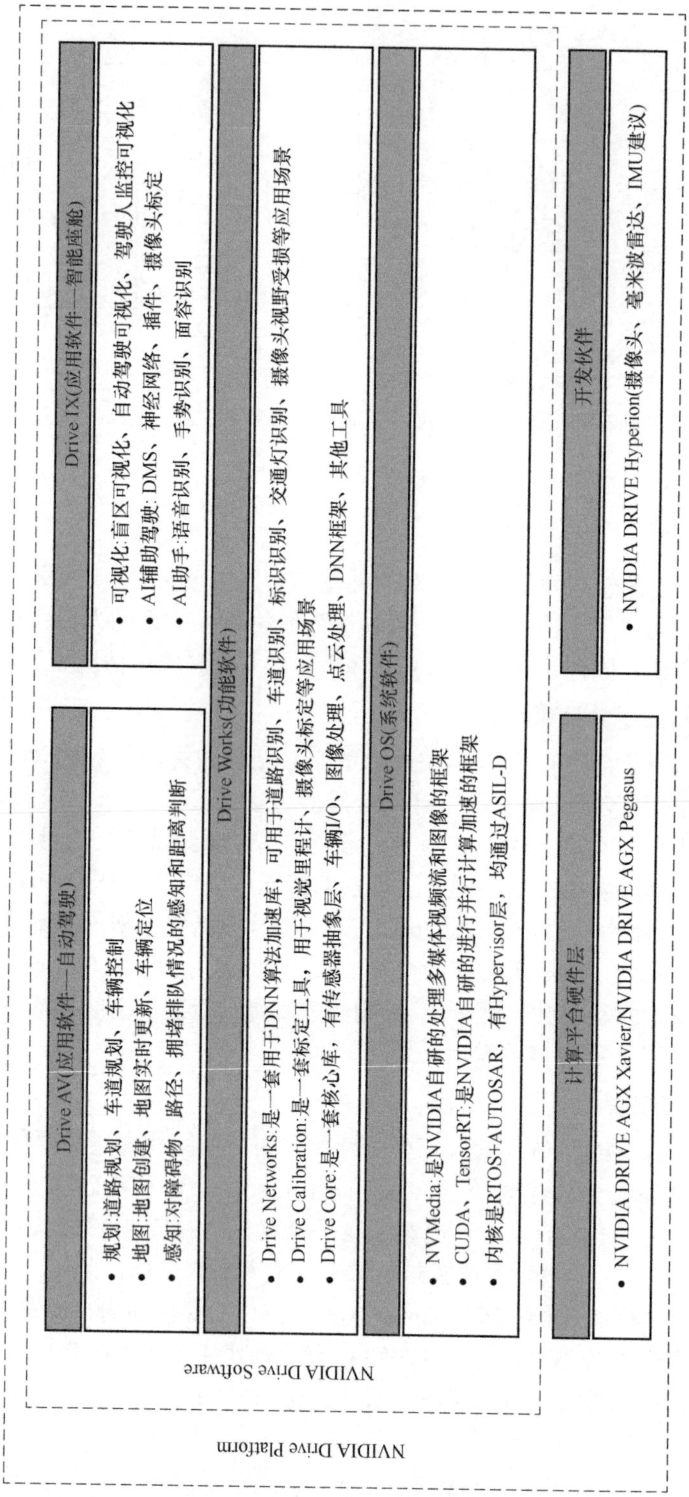

NVIDIA Drive Platform

NVIDIA Drive Software

Drive IX(应用软件—智能座舱)
- 可视化:盲区可视化、自动驾驶可视化、驾驶人监控可视化
- AI辅助驾驶: DMS、神经网络、插件、摄像头标定
- AI助手:语音识别、手势识别、面容识别

Drive AV(应用软件—自动驾驶)
- 规划:道路规划、车道规划、车辆控制
- 地图:地图创建、地图实时更新、车辆定位
- 感知:对障碍物、路径、拥堵排队人情况的感知和距离判断

Drive Works(功能软件)
- Drive Networks:是一套用于DNN算法加速库,可用于道路识别、车道识别、标识识别、交通灯识别、摄像头视野受损等应用场景
- Drive Calibration:是一套标定工具,用于视觉里程计、摄像头标定等应用场景
- Drive Core:是一套核心库,有传感器抽象层、车辆I/O、图像处理、点云处理、DNN框架、其他工具

Drive OS(系统软件)
- NVMedia:是NVIDIA自研的处理多媒体视频流和图像的框架
- CUDA、TensorRT:是NVIDIA自研的进行并行计算加速的框架
- 内核是RTOS+AUTOSAR,有Hypervisor层,均通过ASIL-D

计算平台硬件层
- NVIDIA DRIVE AGX Xavier/NVIDIA DRIVE AGX Pegasus

开发伙伴
- NVIDIA DRIVE Hyperion(摄像头、毫米波雷达、IMU建议)

图 2-1-4 英伟达自动驾驶平台架构

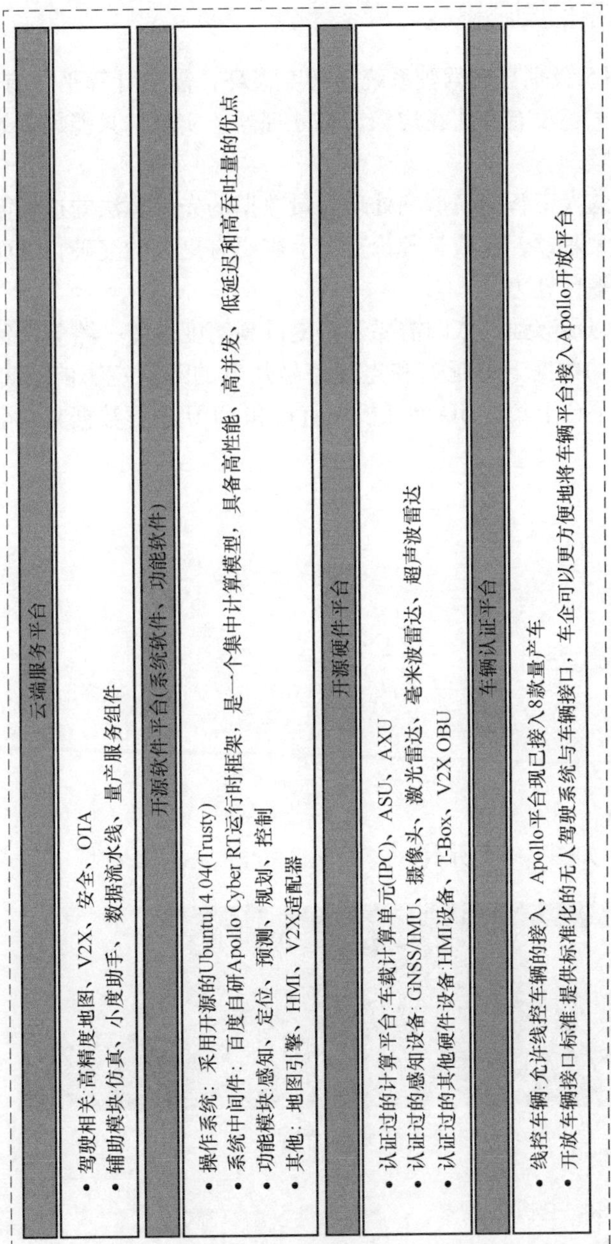

百度Apollo开放平台

云端服务平台

- 驾驶相关：高精度地图、V2X、安全、OTA
- 辅助模块：仿真、小度助手、数据流水线、量产服务组件

开源软件平台（系统软件、功能软件）

- 操作系统：采用开源的Ubuntu14.04(Trusty)
- 系统中间件：百度自研Apollo Cyber RT运行时框架，是一个集中计算模型，具备高性能、高并发、低延迟和高吞吐量的优点
- 功能模块：感知、定位、预测、规划、控制
- 其他：地图引擎、HMI、V2X适配器

开源硬件平台

- 认证过的计算平台：车载计算单元(IPC)、ASU、AXU
- 认证过的感知设备：GNSS/IMU、摄像头、激光雷达、毫米波雷达、超声波雷达
- 认证过的其他硬件设备:HMI设备、T-Box、V2X OBU

车辆认证平台

- 线控车辆:允许线控车辆的接入，Apollo平台现已接入8款量产车
- 开放车辆接口标准:提供标准化与无人驾驶系统与车辆接口，车企可以更方便地将车辆平台接入Apollo开放平台

图 2-1-5 百度 Apollo 开放平台架构

AXU（Apollo 扩展单元），其中，ASU 用于收集各传感器的数据，通过 PCIe 传输至 IPC。此外，IPC 对车辆的控制指令也需通过 ASU 向 CAN 发送；AXU 用于满足额外算力、存储的需求，以 GPU、FPGA 形式接入已有硬件平台。

四、自动驾驶计算平台面临挑战

根据研究机构预测，L5 级别自动驾驶系统复杂度很高，需要计算平台有大于 1000TOPS 的算力支持，而目前的工艺还没有办法在边缘计算处理器上实现，只能靠多处理器协同，然而在空间和功耗上无法兼顾。

目前，对于更加先进的人工智能模型和处理大量数据的先进算法的迫切需求成为制约计算平台发挥更大效用的最大瓶颈，在数学理论支撑上需要有更多的突破，进而将算法复杂度降下来，节省更多的计算平台算力。

即使本地计算平台算力足够强，依旧需要云端提供高精度地图，路侧设备（RSU）提供周围交通状况，V2X 通信的数据上传延迟和连接信号强度的不稳定影响了自动驾驶的安全性和高效性，如何在计算平台上集成 5G 网联模块直接和 CPU 进行数据交互会成为今后异构计算平台的研究方向。

 【技能训练】

自动驾驶计算平台的装配

1. 作业准备

1）清洁操作工位。

2）使用安全防护用具。

3）检查工具和设备，如图 2-1-6 所示。

图 2-1-6　作业准备

2. 自动驾驶处理器 AGX 主机的安装

在汽车底盘上找到 AGX 主机安装位置，将 AGX 主机安装到汽车底盘上，注意，AGX 主机电源口朝向汽车前方，将 DC/DC 模块安装至汽车底座上，如图 2-1-7 所示。

3. 自动驾驶处理器 AGX 主机的线束连接

1）连接 AGX 主机电源线直流电源端。将 DC/DC 模块直流电源线连接至 AGX 主机电源口，如图 2-1-8 所示。

图 2-1-7　安装 AGX 主机

图 2-1-8　连接 AGX 主机电源线直流电源端

2）连接 AGX 主机电源线航空插头端。将 DC/DC 模块电源线航空插头连接至电源盒电源口，如图 2-1-9 所示。

图 2-1-9　连接 AGX 主机电源线航空插头端

4. 整理工位

1）工具整理复位。

2）清洁整理工位。

任务二　自动驾驶计算平台的调试

【任务导入】

自动驾驶计算平台系统以 CAN 总线为基础的传统汽车分布式电子电器架构已不能满足未来智能网联化需求，集成化的主干网加多域控制的新型电子电器架构成为未来智能网联汽车发展的最佳选择，对于智能网联汽车复杂功能和大量互联信息的高效传输及管理，以及系统安全十分必要。那你知道自动驾驶计算平台的分类与应用有哪些？自动驾驶计算平台故障检修的步骤和方法是什么？学习本任务，你将回答以上问题。

【知识准备】

车载计算平台是基于高性能芯片和嵌入式实时操作系统的汽车计算控制的核心，可以实现汽车的状态判断、行为决策和车辆控制，促进车载计算平台与通信、信息、交通等领域协同创新、集成发展，是智能网联汽车发展的重要支撑。

智能网联汽车计算平台架构核心构成包括硬件平台、系统软件、功能软件、应用软件，如图 2-2-1 所示。

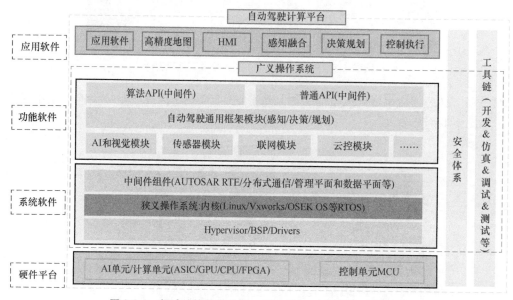

图 2-2-1　驾驶域软件层分类：系统软件-功能软件-应用软件

一、系统软件

1）Hypervisor 虚拟技术有效地实现资源整合和隔离，自动驾驶操作系统是基于异构分布硬件平台上，用程序分别依赖不同的内核环境和驱动，但在物理层面共享 CPU 等。Hypervisor 是实现跨平台应用、提高硬件利用率的重要途径，通过加强时间隔离，使具有不同临界级别的实时系统能够在单一硬件平台上得到整合，如图 2-2-2 所示。

2）BSP（Board Support Package），即板级支持包。对于一般的嵌入式系统，硬件部分需要嵌入式硬件工程师设计硬件电路，新出厂的电路板，需要 BSP 来保证其能稳定工作，在此基础上，才能进行下一步的软件开发。

BSP 是介于主板硬件和操作系统之间的系统软件之一，主要目的是为了支持操作系统，使之能够更好地运行于硬件主板。BSP 是相对于操作系统而言的，不同的操作系统对应于不同定义形式的 BSP，例如 VxWorks 的 BSP 和 Linux 的 BSP 相对于某一 CPU 来说尽管实现的

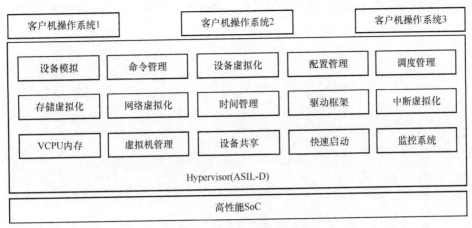

图 2-2-2　**Hypervisor** 典型架构

功能一样，可是写法和接口定义是完全不同的，所以写 BSP 一定要按照该系统 BSP 的定义形式，这样才能与上层 OS 保持正确的接口，良好地支持上层 OS。

　　BSP 同时具有硬件相关性和操作系统相关性。因此，BSP 的开发不仅需要具备一定的硬件知识，例如 CPU 的控制、中断控制器的设置、内存控制器的设置及有关的总线规范等，同时还要求掌握操作系统所定义的 BSP 接口，如图 2-2-3 所示。

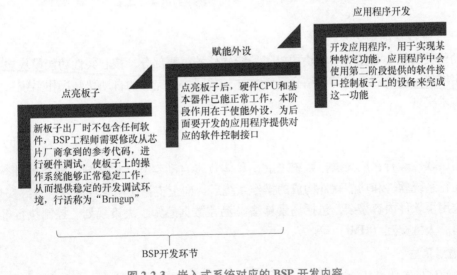

图 2-2-3　嵌入式系统对应的 BSP 开发内容

二、功能软件

1. 中间件

中间件是介于应用系统和系统软件之间的一类软件，位于客户机服务器的操作系统之上，管理计算资源和网络通信。根据 IDC 的定义，中间件是一种独立的软件服务程序，分布式应用软件借助这种软件在不同的技术之间共享资源。

中间件的主要任务是负责各类应用软件模块之间的通信以及对底层系统资源的调度。它的优点是可以大大降低应用层软件的开发难度，使研发工程师可以完全把注意力集中到功能算法的开发上，如图 2-2-4 所示。

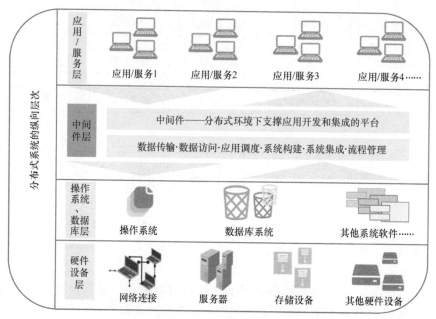

图 2-2-4 中间件在分布式系统中的用途示意图

2. 核心共性功能模块

自动驾驶的核心共性功能模块构成了功能软件的主要部分，核心共性功能模块包括自动驾驶通用框架、网联和云控等，结合系统软件，共同构成完整的自动驾驶操作系统，支撑自动驾驶技术实现。

三、应用软件

应用层软件运行在广义操作系统之上，具体负责自动驾驶功能实现。典型的计算平台，在装载运行系统软件和功能软件构成的操作系统后，向上支撑应用软件开发，最终实现整体功能。应用层软件内容繁杂，包括场景算法（涵盖数据感知、决策规划、控制执行等）、高精度地图、人机交互（HMI）等。

1. 场景算法

典型的场景算法设计数据感知、决策规划和控制执行等。其中，感知类算法包括 SLAM 算法（涵盖视觉处理、激光雷达、多传感器融合等）和自动驾驶感知算法。决策类算法包括自动驾驶规划算法、自动驾驶决策算法，执行类算法主要为自动驾驶控制算法，如图 2-2-5 所示。

2. 高精度地图

高精度地图（数据地图）也是应用层又一典型软件。传统车载导航地图使用者是人，传统电子导航地图能描绘出道路，部分道路会区分车道，而高精度地图不仅会描绘道路，会真实地反映出道路的实际样式，高精度地图为了让自动驾驶系统更好地识别交通情况，会把道路形状的细节进行详细和精确展示。

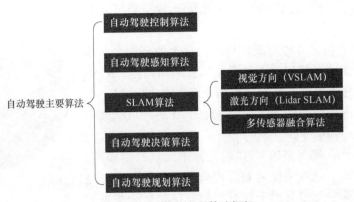

图 2-2-5　应用层主要算法框架

　　高精度地图对于智能驾驶不可或缺，从视野范围看，高精度地图不受遮挡，不存在距离和视觉的缺陷，在特殊天气条件下，高精度地图依旧可以发挥作用；从误差看，高精度地图可以有效消除部分传感器误差，在部分路况条件下，可以有效对现有传感器系统进行补充修正。此外，高精度地图还可以构建驾驶经验数据库，通过多维时空数据的挖掘，分析危险区域，为驾驶人提供新的驾驶经验数据集，如图 2-2-6 所示。

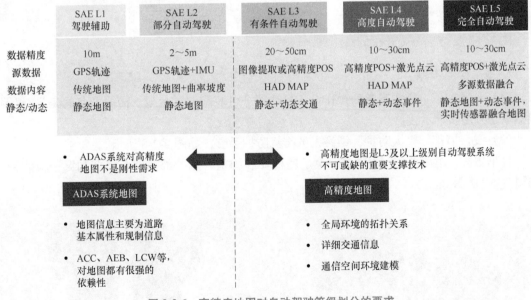

图 2-2-6　高精度地图对自动驾驶等级划分的要求

四、底层硬件

　　车载计算平台需采用异构多核芯片硬件架构。自动驾驶的域控制器，要具备多传感器融合、定位、路径规划、决策控制、无线通信、高速通信的能力。通常需要外接多个摄像头、毫米波雷达、激光雷达以及 IMU 等设备，完成的功能包含图像识别和数据处理等。面向 L3及以上高阶自动驾驶，单一芯片无法满足诸多接口和算力需求，计算基础平台需采用异构芯片的硬件方案，具有芯片选型灵活、可配置拓展、算力可堆砌等优点。计算平台的异构分布硬件架构主要包括 CPU 计算单元、AI 单元和控制单元，如图 2-2-7 所示。

图 2-2-7　异构芯片硬件架构

　　AI 单元：为异构芯片硬件架构中算力最大的一部分，通过系统内核进行加速引擎和软硬件资源的分配和调度。AI 单元主要完成多传感器融合数据的分析和处理，输出用于规划、决策和控制的周围环境信息。目前，主流的 AI 芯片可选架构有 GPU、FPGA、ASIC 等。

　　CPU 计算单元：基于多核 CPU 的计算单元具有主频高、计算能力强等特点，通过系统内核管理软件和硬件资源、完成任务调度。计算单元主要用于执行大部分自动驾驶相关的核心算法，整合多传感器融合数据完成路径规划和决策控制等功能。

　　控制单元：主要基于传统车辆控制器（MCU）完成车辆动力学横纵向控制任务，搭载基础软件平台的控制单元将各个车辆控制的功能软件连接起来实现车辆控制，同时，软件系统需要预留与智能车辆操作系统集成的通信接口。

【技能训练】

自动驾驶计算平台的故障检修

1. 故障检测步骤

（1）任务准备　需要准备的操作设备有计算平台装配调试台架。需要准备的工具/仪器包括数字万用表和示波器。

（2）任务实施　个人防护，维修人员需戴防护手套，如图 2-2-8 所示。

整车防护，车内部需铺上转向盘套、座椅套和脚垫，车外部需铺上格栅和翼子板防护，如图 2-2-9 所示。

图 2-2-8　防护手套

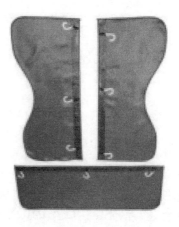

图 2-2-9　格栅和翼子板防护

2. 故障检测

1）观察故障现象，如图 2-2-10 所示（显示计算平台通信故障）。

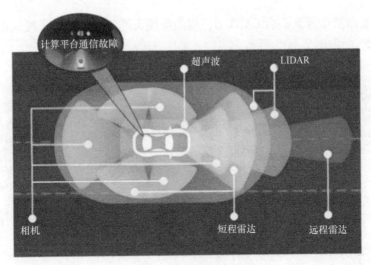

图 2-2-10　故障现象

2）进行故障分析。维修站的检测人员通过故障诊断仪或调试软件也发现计算平台通信存在问题，如图 2-2-11 所示。

图 2-2-11　参数设置

可能造成故障的原因如下：

① 计算平台电源搭铁故障。

② 计算平台通信 CAN 总线故障。

③ 计算平台本体故障。

3）进行故障检测。

① 使用万用表电压档测量计算平台供电电源，正常测量值应为 12V 左右，如图 2-2-12 所示。

② 使用示波器测量计算平台 CAN1-H，将测量探头连接 7 号针脚，接地搭铁，正常测量值应为 2.5~3.5V，如图 2-2-13 所示。

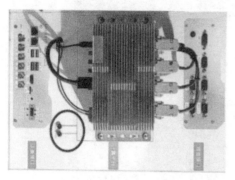

图 2-2-12　检测故障

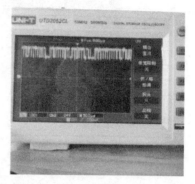

图 2-2-13　示波器测量——连接 7 号针脚

③ 使用示波器测量计算平台 CAN1-L，将测量探头连接 2 号针脚，接地搭铁，正常测量值应为 1.5~2.5V，如图 2-2-14 所示。

④ 使用万用表测量计算平台 CAN2-H，一表笔接 8 号针脚，另一表笔搭铁，正常测量值应为 2.6V（因外接台架存在线阻，测量的电压值稍有偏差），如图 2-2-15 所示。

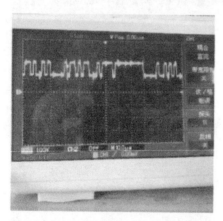

图 2-2-14　示波器测量——连接 2 号针脚

图 2-2-15　万用表测量——接 8 号针脚

⑤ 使用万用表测量计算平台 CAN2-L，一表笔接 1 号针脚，另一表笔搭铁，正常测量值应为 2.4V（因外接台架存在线阻，测量的电压值稍有偏差），如图 2-2-16 所示。

⑥ 通过以上检查未检测到故障，则应用替换法检查计算平台内部软硬件是否存在损坏，通过替换检查出计算平台存在故障，如图 2-2-17 所示。

4）修复故障。维修或更换相同型号的计算平台，设备/车辆恢复正常状态，故障排除后，撤除防护。

图 2-2-16　万用表测量——接 1 号针脚

图 2-2-17　检查计算平台内部软硬件

【延伸阅读】

　　计算机系统包括硬件和软件两部分。硬件部分，也称为裸机，主要包括中央处理器（CPU）、内存、外存和各种外部设备。软件部分主要包括系统软件和应用软件两部分。系统软件中包括操作系统、汇编、编译程序、数据库管理系统等。应用软件是为多种应用而编制的程序，如办公自动化软件、财务管理软件、杀毒软件、游戏软件、即时通信软件等普通用户大量日常使用的软件。计算机系统必须先配置好系统软件才能安装应用软件，应用软件也只有在系统软件的支持下才能为用户提供服务。Linux 是一种自由、开放、免费的系统软件，是一种多任务、多用户的网络操作系统。Linux 操作系统的基本组成包括 Linux 内核、Linux Sheik Linux 文件系统、Linux 应用程序等。

【学习小结】

　　通过本项目的学习，掌握自动驾驶计算平台的结构和工作原理、分类与应用、安装及线束连接、故障检修的步骤和方法，为掌握智能网联汽车智能决策技术打下坚实的基础。

【课后习题】

一、单项选择题

1. 以下不属于智能网联汽车中车辆/设施关键技术的是（　　　）。

A. 环境感知技术　　　　　　　　　　B. 智能决策技术

C. 信息安全技术　　　　　　　　　　D. 控制执行技术

2. 自动驾驶汽车是集感知、决策和控制等功能于一体的自主交通工具，其中，感知系统代替驾驶人的视、听、触等功能，融合摄像机、雷达等传感器采集的海量交通环境数据，精确识别各类交通元素，为自动驾驶汽车（　　）提供支撑。

 A. 决策系统 B. 感知系统 C. 控制系统 D. 导航系统

3. 智能网联汽车的智能化技术是基于车辆搭载先进的传感器、控制器、执行器、软件算法，使汽车可以自主通过感知系统与信息终端系统实现车-车、车-人、车-环境的信息交换，从而自动完成车辆的识别、感知、（　　）以及控制，最终代替驾驶人操作实现自动驾驶。

 A. 分析   B. 干预   C. 决策   D. 推理

4. 环境识别、（　　）两个层面的技术突破只是解决了复杂环境中人机协同共驾能力不足问题的有效性，为保障智能车上路的可靠性，还需建设面向智能网联汽车的驾驶人人机交互行为数据库为底层支撑层。

 A. 路径规划 B. 感知定位 C. 决策控制 D. 地图导航

5. 智能决策层的主要功能是接收环境感知层的信息并进行融合，对道路、车辆、行人、交通标志和交通信号等进行识别、决策分析和判断车辆驾驶模式及将要执行的操作，并向（　　）输送指令。

 A. 环境感知层 B. 信息融合层 C. 控制和执行层 D. 以上都不是

6. 智慧交通目前在交通行业中主要应用在交通控制、（　　）、出行者信息服务、城市公交系统、出租车管理等方面。

 A. 道路监控 B. 报警系统 C. 停车监控 D. 行人监控

7. 路径引导是引导驾驶人沿着由路径规划模块计算出的路线行驶的过程。该引导过程可以在旅行前或在途中以实时方式进行，相关指令包括转向、街道名称、行驶距离和路标等。通常，路径引导通过（　　）、显示器来显示指令、完成引导。

 A. 导航器 B. 计数器 C. 计算器 D. 计时器

8. 自动驾驶汽车功能复杂，为了保证各个模块和功能间不互相影响和安全性，大量采用域控制器。根据不同的功能实现分为车身域控制器、车载娱乐域控制器、动力总成域控制器、（　　）等。

 A. 自动驾驶域控制器   B. 电机控制器

 C. 电池管理控制器   D. 伺服控制器

9. 网联协同决策与控制是指基于车-车、车-路、车-人、车-后台通信，实时获取（　　），车-车、车-路等各交通参与者之间的协同决策与控制。

 A. 导航等辅助信息   B. 车辆周边交通环境信息

 C. 车辆决策信息   D. 车辆周边交通环境信息，及车辆决策信息

10. 汽车网络中大多采用（　　）拓扑结构的局域网。

 A. 总线型 B. 星型 C. 环型 D. 树型

二、判断题

1. 智能网联汽车计算平台架构核心包括硬件平台、系统软件、功能软件、应用软件。
（　　）

2. 在传统的分布式架构下，主要靠 ECU 和传感器数量的增加来实现功能增加与算力提升。（　　）

3. 应用层软件内容繁杂，主要包括场景算法、高精度地图和人机交互等。（　　）

4. 计算平台的异构分布硬件架构主要包括 CPU 计算单元和 AI 单元。（　　）

5. 车载计算平台由鼠标、键盘、显示器和主机组成。（　　）

三、填空题

1. 自动驾驶计算平台架构包含_____、_____、_____和_____。

2. 目前主流的自动驾驶计算平台有_____、_____和_____。

3. 可能造成计算机平台故障的原因有_____、_____和_____。

4. 计算机平台故障检测使用的主要工具是_____和_____。

5. 使用万用表电压档测量计算平台供电电源，正常测量值应为_____。

项目三

线控底盘系统的装配与调试

 【案例导入】

汽车线控技术就是将驾驶人的操纵动作经过传感器变成电信号，通过电缆直接传输到执行机构的一种系统。目前，线控技术包括线控换档系统、线控制动系统、线控悬架系统、线控增压系统、线控驱动系统及线控转向系统等。其中，线控转向系统在高级轿车、跑车及概念车上有广泛的应用，它为自动驾驶提供了良好的平台，将来随着线控技术的成熟和成本的降低及追求自动驾驶的影响，线控技术将越来越多地应用于普通车辆。

线控底盘系统的组成有哪些？它们的结构、工作原理、特点和应用又是什么？线控底盘系统的装配步骤是什么？线控底盘 CAN 协议的测试方法是什么？线控底盘故障又是如何诊断与检修的？学习本项目，便可以得到答案。

 【项目目标】

知识与技能	过程与方法	情感态度与价值观
1）了解线控驱动系统、线控制动系统和线控转向系统的结构、工作原理、特点和应用 2）了解线控底盘 CAN 协议的含义 3）掌握线控驱动系统、线控制动系统和线控转向系统的整车装配步骤 4）掌握线控驱动系统、线控制动系统、线控转向系统的故障检修流程和方法 5）掌握线控底盘 CAN 协议的参数设置和报文发送方法	1）采用一体化分小步教学方法，边讲边练边评，提高学生操作技能 2）通过电子教案辅助学习，培养学生自主学习和探究学习能力 3）任务驱动教学法：通过布置任务，学生集体讨论，小组互助竞赛机制，激发学生的学习兴趣	1）通过知识的学习，培养学生乐观的生活态度、求真的科学态度、宽容的人生态度 2）通过图片、视频及案例引导学生积极思维，激发学生学习兴趣和求知欲望 3）通过对实训步骤进行分析，提高学生分析和知识迁移的能力 4）通过实践训练，培养学生实事求是、自强不息、爱岗敬业、团队合作的精神

任务一　线控驱动系统的装配与调试

【任务导入】

线控驱动系统（Drive By Wire，DBW）是智能网联汽车实现的必要关键技术，为智能网联汽车实现自主行驶提供了良好的硬件基础，也称为线控节气门或者电控节气门。那你知道线控驱动系统的结构、工作原理、特点和应用是什么吗？线控驱动系统的整车装配和故障检修如何操作吗？学习本任务，你将回答以上问题。

【知识准备】

一、线控驱动系统的结构

线控驱动系统是将机械连接改为线束连接，通过 ECU 对传感器采集的驱动踏板位置信息进行分析，然后控制驱动电机的转速，从而决定加速或减速。在智能网联汽车上的线控驱动系统由驱动电机、电机控制器（MCU）、加速踏板、变速杆（或按键、旋钮）和机械传动装置等构成。图 3-1-1 所示为线控驱动系统的组成。

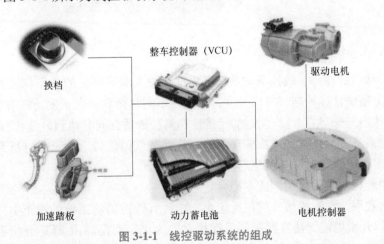

图 3-1-1　线控驱动系统的组成

二、线控驱动系统的工作原理

线控驱动系统主要分为人工驾驶模式和自动驾驶模式，它们的工作原理各不相同。对于人工驾驶模式，它的工作原理为：VCU 通过接收变速杆（或按键、旋钮）信号、驱动踏板上的传感器信号等，判断汽车行驶方向和行驶速度，然后通过 CAN 总线发送给 MCU，控制电机（M）的转向和转速，并经机械传动装置驱动车轮使车辆行驶。图 3-1-2 所示为电动汽车线控驱动系统的工作原理图。

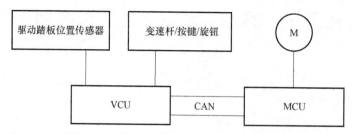

图 3-1-2 电动汽车线控驱动系统的工作原理图

对于自动驾驶模式，它的工作原理为：计算平台通过接收各环境感知传感器反馈的信号，判断汽车行驶方向和行驶速度等，通过 CAN 总线发送给 VCU，VCU 经计算后再通过 CAN 总线发送给 MCU，控制电机的转向和转速，并经机械传动装置带动车轮使车辆行驶。其中，计算平台替代了驾驶人的驾驶意图，包括踩加速踏板、操纵变速杆（或按键、旋钮）等，实现了自动驾驶。图 3-1-3 所示为智能网联汽车线控驱动系统的工作原理图。

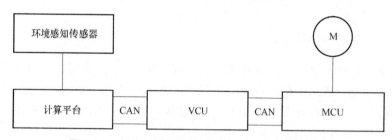

图 3-1-3 智能网联汽车线控驱动系统的工作原理图

三、线控驱动系统的特点

1）舒适性和经济性好。线控驱动系统可根据驾驶人踩下踏板的动作幅度判断驾驶人的意图，综合车况精确合理控制节气门开度，以实现不同负荷和工况下发动机的空燃比都能接近于最佳理论状态——14.7∶1，使燃油经济性和驾驶舒适性同时达到最佳状态。

2）稳定性高且不易熄火。线控驱动系统在收到节气门信号后会进行分析判断再给节气门执行单元发送合适指令保证车辆稳定行驶。

3）工作原理相对较为复杂，成本提高。

4）有延迟效果，没有机械节气门反应快。在装有线控驱动系统的汽车中，驾驶人不能直接控制节气门开度也就无法直接控制发动机动力大小，而是经由 ECU 分析给出汽车舒适性较好、较为省油的节气门控制指令，所以相对于直接控制式的机械节气门会有稍许延迟感。

5）可靠性不如机械节气门好。

四、线控驱动系统的应用

线控驱动系统通过用线束（导线）来代替拉索或者拉杆，在节气门那边装一只微型电动机，用电动机来驱动节气门开度，图 3-1-4 所示为加速踏板和电动机。

对于纯电动汽车而言，它没有发动机，只有电源系统作为动力系统，这时"油门"控制的是电机的转矩，它和VCU、MCU等一同实现车辆的加速。图3-1-5所示为燃油汽车和混合动力汽车线控驱动系统的组成。

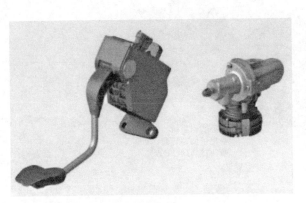

图3-1-4 加速踏板和电动机

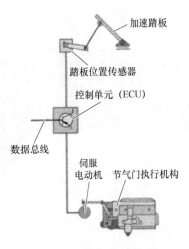

加速踏板

踏板位置传感器

控制单元（ECU）

数据总线

伺服电动机 节气门执行机构

图3-1-5 燃油汽车和混合动力汽车线控驱动系统的组成

更有厂商还在电动汽车上使用线控驱动系统开发出了制动能量回收功能，当驾驶人减小踏板力时，系统认为驾驶人具有减速的需求，这时候通过ECU发送指令，在没有踩制动踏板的情况下，车辆实现制动能量回收，这个功能在业界称为"单踏板（One Pedal）"。"单踏板"就是一种集成了加速和制动功能的踏板，以控制车辆的加速和减速。"单踏板驾驶模式"并不是只有一个踏板，其踏板系统由一个"主踏板"和一个"辅助减速踏板"组成，其中"主踏板"可以实现的加减速能力，可以满足日常的大部分车辆操作；"辅助减速踏板"是在"主踏板"制动减速度不能满足驾驶人意图时的紧急制动踏板。

宝马i3、特斯拉Model X、长安EV460、名爵EZS等电动汽车都采用"单踏板"，图3-1-6所示为电动汽车的单踏板。

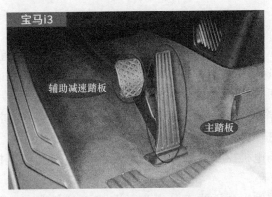

宝马i3

辅助减速踏板

主踏板

图3-1-6 电动汽车的"单踏板"

汽车线控技术的核心是线控制动和线控转向，但还没有完全市场化，主要应用在少数概念车型上。线控技术满足汽车"新四化"的需求，已成为行业公认的智能网联汽车未来的主流配置。智能网联汽车底盘的发展趋势是采用线控底盘，如图 3-1-7 所示。

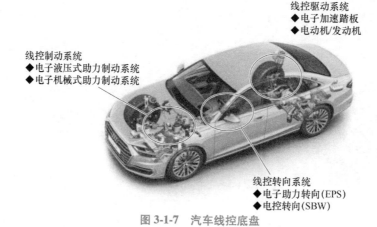

图 3-1-7　汽车线控底盘

【技能训练】

一、线控驱动系统整车的装配

1. 作业准备

操作设备是智能网联教学车。

工具/仪器包括常用拆装工具套装、螺钉旋具套装、驱动电机举升设备等。

2. 装配前防护

个人防护，维修人员需戴防护手套，如图 2-2-8 所示。

整车防护，车内部需铺上转向盘套、座椅套和脚垫，车外部需铺上格栅和翼子板防护，如图 2-2-9 所示。

3. 整车装配

1）安装驱动电机。使用驱动电机举升设备，将其托盘升至接近驱动电机的安装位置，将驱动电机轴装入主减速器，安装固定螺栓，并按规定力矩拧紧，如图 3-1-8 所示。

2）安装驱动电机机脚固定螺栓，并按规定力矩拧紧，如图 3-1-9 所示。

3）回收驱动电机举升设备，操作举升机下降车辆至地面，将电机控制器放入安装位置，安装固定螺栓，并按规定力矩紧固，如图 3-1-10 所示。

4）连接驱动电机与电机控制器之间的高低压线束。先连接高压插接器，然后连接低压插接器，如图 3-1-11 所示。

5）连接电机控制器输出高压线束 U/V/W。先连接 U 相线束，再连接 V 相线束，接着连接 W 相线束，最后按规定力矩拧紧固定螺栓，如图 3-1-12 所示。注意：高压线束和 MCU 上标注有对应的相位符号，禁止接错接反。

图 3-1-8　安装固定螺栓

图 3-1-9　安装驱动电机机脚固定螺栓

图 3-1-10　电机控制器放入安装位置

图 3-1-11　连接高低压线束

6）连接电机控制器输入高压线束主正、主负，如图 3-1-13 所示。

图 3-1-12　连接高压线束 U/V/W

图 3-1-13　输入高压线束主正、主负

7）连接电机控制器所有低压插接器，低压插接器线束包括 CAN 线、启动使能、制动信号和电机温度信号等，如图 3-1-14 所示。

8）将车窗玻璃洗涤器水壶装回原车，并安装固定螺栓，连接洗涤器喷水电机，并添加洗涤水，如图 3-1-15 所示。

9）安装蓄电池负极，并按规定力矩紧固。线控驱动系统整车安装完成，撤除车外及车内防护，如图 3-1-16 所示。

4. 整理工位

1）工具整理复位。

2）清洁整理工位。

图 3-1-14　连接低压插接器

图 3-1-15　车窗玻璃洗涤器水壶装回原车

图 3-1-16　安装蓄电池负极

二、线控驱动系统的故障检修

1. 作业准备

操作设备是线控底盘系统装配调试台架。

工具/仪器包括数字万用表和示波器。

2. 故障检测前防护

个人防护，维修人员需戴防护手套。

实训台防护，需铺上格栅和翼子板防护。

3. 故障检测

1）故障现象。线控底盘系统测试装调实验实训台驱动电机无法启动，显示屏显示车身三级报警，如图 3-1-17 所示。

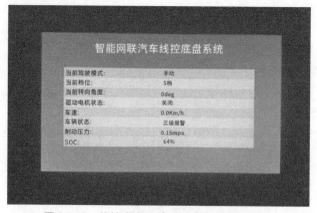

图 3-1-17　线控底盘系统测试装调实验实训台

2）分析故障。根据线控底盘系统测试装调实验实训台的调试软件中报文信息显示，发现 MCU 输出报文的 CAN1 中 ID 0x310、0x311、0x312 同时消失，可以判断为 MCU 通信故障，如图 3-1-18 所示。

图 3-1-18　调试软件中报文信息显示

如图 3-1-19 所示，可能造成故障的原因如下：

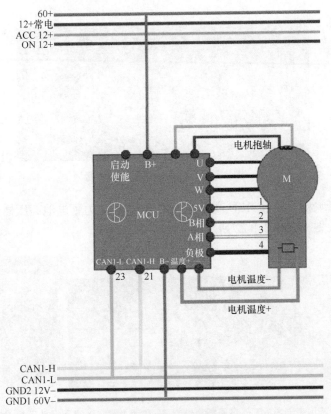

图 3-1-19　MCU 电路图

① MCU 电源故障。

② MCU CAN 通信故障。

③ MCU 软件错误。

④ MCU 故障。

3）检测故障。由于高压系统电压为 60V 左右，电压较高无法直接测量，所以需要测量 MCU 高压供电 B+（60V）及搭铁 B-（60V）电路是否正常导通，如图 3-1-20 所示。

图 3-1-20　电路测量电压

取下钥匙，拆卸辅助蓄电池负极后，分别拆下 MCU 高压插头和动力蓄电池高压插头，如图 3-1-21 所示。

图 3-1-21　拆卸辅助蓄电池负极

使用万用表蜂鸣档，测量 MCU 高压插头供电 B+和动力蓄电池高压插头正极输出之间线束，正常为导通状态，如图 3-1-22 所示。

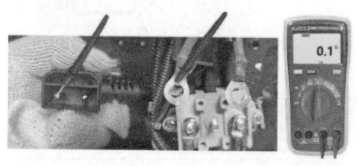

图 3-1-22　万用表测量 MCU 高压插头供电 B+和动力蓄电池高压插头正极输出之间线束

使用万用表蜂鸣档，测量 MCU 高压插头搭铁 B−和动力蓄电池高压插头负极输出之间线束，正常为导通状态，如图 3-1-23 所示。

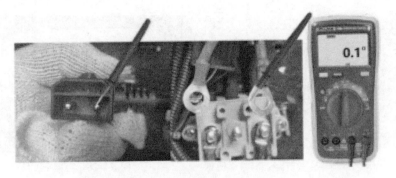

图 3-1-23　使用万用表蜂鸣档

分别安装 MCU 高压插头和动力蓄电池高压插头，如图 3-1-24 所示。

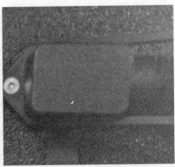

图 3-1-24　安装 MCU 高压插头和动力蓄电池高压插头

安装低压蓄电池负极，插上钥匙并置于 ON 档位，如图 3-1-25 所示。

使用万用表电压档，红表笔接 MCU 低压插头 CAN-H 21 号针脚，黑表笔搭铁，正常测量值应为 2.55V 左右，如图 3-1-26 所示。

图 3-1-25　插上钥匙并置于 ON 档位　　　　图 3-1-26　使用万用表电压档

使用万用表电压档，红表笔接 MCU 低压插头 CAN-L23 号针脚，黑表笔搭铁，正常测量值应为 2.49V 左右，如图 3-1-27 所示。

若测量 MCU 的 CAN 总线、供电和搭铁都无异常，则需检查是否有 MCU 对应升级，若无，则需要更换 MCU，如图 3-1-28 所示。

图 3-1-27　红表笔接 CAN-L 23 号针脚，黑表笔搭铁

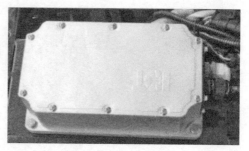

图 3-1-28　更换 MCU

经示波器或万用表测得，MCU 低压插头 CAN-L 23 号电路存在断路故障，为 MCU CAN 通信故障，如图 3-1-29 所示。

图 3-1-29　MCU CAN 通信故障

4）修复故障。维修或更换相同型号的电路，实训台恢复正常状态，故障排除，撤除防护，如图 3-1-30 所示。

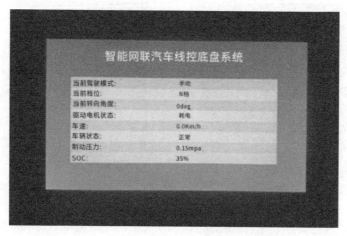

图 3-1-30　故障修复

4. 整理工位

1）工具整理复位。

2）清洁整理工位。

任务二　线控制动系统的装配与调试

【任务导入】

线控制动系统（Brake by Wire，BBW）是智能网联汽车"控制执行层"的必要关键技术，为智能网联汽车实现自主停车提供良好的硬件基础，是实现高级自动驾驶的关键部件之一。那你知道线控制动系统的结构、工作原理、特点和应用是什么吗？线控制动系统的整车装配和故障检修如何操作？学习本任务，你将回答以上问题。

【知识准备】

一、线控制动系统的结构和分类

1. 线控制动系统的结构

汽车制动系统是指对汽车车轮施加一定的力，从而对其进行一定程度强制制动的一系列专门装置。制动系统的功能是使行驶中的汽车按照驾驶人的要求进行强制减速甚至停车，使已停驶的汽车在各种道路条件下（包括在坡道上）稳定驻车，使下坡行驶的汽车速度保持稳定。

线控制动系统的功能与传统汽车制动系统的功能一样，也是保证能够按照路况等进行强制减速甚至停车，只是在结构上有所改变，即输入接口（制动踏板）和执行机构（制动执行器）之间是通过线控（电子信号）连接的，在它们之间没有直接的液力或机械连接。

线控制动系统即电子控制制动系统，分为机械式线控制动系统和液压式线控制动系统。液压式线控制动系统（EHB）主要由踏板模拟单元、ECU 和执行器机构等组成，机械式线控制动系统（EMB）主要由车轮制动模块、中央 ECU 和电子踏板模块等组成。

2. 线控制动系统的分类

线控制动系统分为两条技术路线，一条是需要制动油液作为压力传递介质的线控制动系统，称为液压式线控制动系统。市面上主流的液压式线控制动系统线控动技术，根据技术方向可分为以下三类：

1）电动伺服。电机驱动主缸提供制动液压力源。

2）电液伺服。采用电机+泵提供制动压力源。

3）电机+高压蓄能器电液伺服。

另一条则是纯机械电子系统，即没有制动油液参与的线控制动系统，称为机械式线控制动系统。

二、线控制动系统的工作原理

传统制动系统主要由真空助力器、主缸、储液壶、轮缸、制动鼓或制动盘构成。当踩下制动踏板时，储液壶中的制动油进入主缸，然后进入轮缸。轮缸两端的活塞推动制动蹄向外运动进而使摩擦片和制动鼓发生摩擦，从而产生制动力。图 3-2-1 所示为传统制动系统原理图。

1. 液压式线控制动系统

液压式线控制动系统是从传统的液压制动系统发展而来的，但与传统制动方式有很大的不同，液压式线控制动系统以电子元件替代了原有的部分机械元件，是一个先进的机电一体化系统，它将电子系统和液压系统相结合。液压式线控制动系统有两种工作模式，分别为人工驾驶模式和自动驾驶模式。

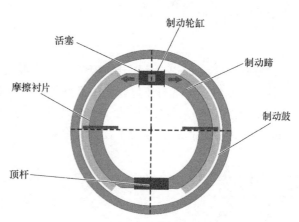

图 3-2-1　传统制动系统原理图

人工驾驶模式：正常工作时，制动踏板与制动器之间的液压连接断开，备用阀处于关闭状态。电子踏板配有踏板感觉模拟器和电子传感器，ECU 可以通过传感器信号判断驾驶人的制动意图，并通过电机驱动液压泵进行制动。电子系统发生故障时，备用阀打开，液压式线控制动系统变成传统的液压制动系统。备用系统增加了制动系统的安全性，使车辆在线控制动系统失效时还可以进行制动，但是由于备用系统中仍然包含复杂的制动液传输管路，使液压式线控制动系统并不完全包含线控制动系统产品的优点。

自动驾驶模式：驾驶人踩制动踏板的人工驾驶操作，将变为计算平台向 VCU 发送制动意图的自动驾驶操作，即计算平台根据环境感知传感器反馈的路况等信息，向 VCU 发送请求制动信号，VCU 经分析后将制动信号发送给液压式线控制动系统 ECU，ECU 通过电机驱动液压泵进行制动。图 3-2-2 所示为液压式线控制动系统的工作原理图。

2. 机械式线控制动系统

机械式线控制动系统与液压式线控制动系统最大的区别在于它不再需要制动液和液压部件，相应地取消了制动主缸、液压管路等，在智能网联汽车中，当选用自动驾驶模式时，驾驶人踩制动踏板的人工驾驶制动操作，变为计算平台向 VCU 发送制动意图的自动驾驶操作。VCU 将制动意图再发送给机械式线控制动系统 ECU，进而实现对汽车的制动。大大简化了制动系统的结构，便于布置、装配和维修，更为显著的是随着制动液的取消，对环境的污染大大降低了，图 3-2-3 所示为机械式线控制动系统的工作原理图。

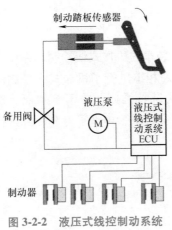

图 3-2-2　液压式线控制动系统
的工作原理图

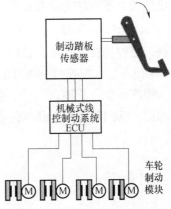

图 3-2-3　机械式线控制动系统
的工作原理图

三、线控制动系统的特点

目前，市面上的线控制动系统多为液压式线控制动系统，但机械式线控制动系统是未来线控制动系统的发展方向。

线控制动系统与传统制动系统相比，有以下特点：

1）线控制动系统的制动踏板与制动执行机构解耦，可以降低部件的复杂性，减少液压与机械控制装置，减少杠杆和轴承等金属连接件，减轻重量，降低油耗和制造成本。

2）线控制动系统具有精确的制动力调节能力，是电动汽车摩擦与回馈耦合制动系统的理想选择。

3）基于线控制动系统，不仅可以实现更高品质的 ABS/ESC/EPB 等高级安全功能控制，而且可以满足先进汽车智能系统对自适应巡航、自动紧急制动、自动泊车、自动无人驾驶等的要求。

四、线控制动系统的应用

1. 液压式线控制动系统的应用

国外于 20 世纪 90 年代就进行了液压式线控制动系统的研究。比较典型的产品有博世公司的 iBooster 系统、丰田旗下爱德克斯的 ECB 系统、大陆公司 MKC1 系统等，目前这些产品在中国市场开始批量装车。

我国起步较晚，在 2009 年左右，研究基础薄弱，相关研究主要集中在清华大学、吉林大学、同济大学、北京航空航天大学等高校以及亚太机电集团有限公司、万向集团公司等主要的汽车零部件企业。近年来，虽然液压式线控制动系统的研发工作有一定进展，但离产业化应用仍需要一定的时间。

在国内电动汽车比例不断提升、智能辅助驾驶和无人驾驶逐步推进以及外资品牌液压式线控制动系统开始批量装车的趋势下，在电动汽车上，液压式线控制动系统替代 ESC（车身稳定控制）系统的步伐将比 ESC 系统替代 ABS（制动防抱死系统）来得更快，甚至很多电动汽车将从 ABS 跳过 ESC 系统直接搭载液压式线控制动系统，液压式线控制动系统市场前景广阔，已经成为零部件企业竞相研发的热点。

2. 机械式线控制动系统的应用

由于缺乏足够的技术支持，目前市场上并没有批量装车的机械式线控制动系统产品。自20世纪90年代开始，国外的一些著名汽车零部件制造商相继进行了机械式线控制动系统研发工作，如德国博世、德国西门子、美国天合、德国大陆特维斯、美国德尔福、瑞典斯凯孚、瑞典瀚德、韩国现代及万都等公司都取得了相关研究成果，申请了专利，并进行了实车试验。

【技能训练】

一、线控制动系统整车装配

1. 作业准备

操作设备为智能网联教学车。

工具/仪器包括常用拆装工具套装、螺钉旋具套装、球头拆卸器、钳子、锤子、轮胎拆装工具等。

2. 装配前防护

个人防护，维修人员需戴防护手套。

整车防护，车内部需铺上转向盘套、座椅套和脚垫，车外部需铺上格栅和翼子板防护。

3. 整车装配

1）将线控制动器总成放入安装位置，前机舱内的线控制动器总成和驾驶室内制动踏板总成，利用夹在两者中间的防火墙进行固定，其固定螺母共四颗，如图3-2-4所示。

2）安装线控制动器总成需要两人配合完成操作，一人在车外固定线控制动器总成，另一人在车内安装制动踏板总成与线控制动器总成的固定螺母及锁销，按规定力矩拧紧，并连接制动灯开关插接器，如图3-2-5所示。

图3-2-4　固定螺母

图3-2-5　固定线控制动器总成

3）安装制动管路固定螺母，并按规定力矩拧紧，如图3-2-6所示。

4）连接制动旋变编码器插接器，然后连接线控制动器总成主插接器，如图3-2-7所示。

5）将制动卡钳支架放至转向节上，安装固定螺栓，并按规定力矩拧紧，如图3-2-8

所示。

6）安装制动摩擦片，然后安装制动钳及活塞总成及其固定螺栓，并按规定力矩拧紧，如图3-2-9所示。

图3-2-6 安装制动管路固定螺母

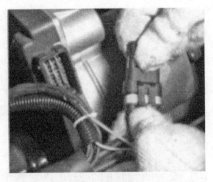

图3-2-7 连接线控制动器总成主插接器

图3-2-8 安装固定螺栓

图3-2-9 安装制动摩擦片

7）安装制动分泵油管、密封圈及固定螺栓，按规定力矩拧紧。安装制动钳支架、制动摩擦片、制动钳、活塞总成以及制动分泵油管，如图3-2-10所示。

8）添加制动液，并对制动系统进行排气操作。排气按照由远及近的原则，右后、左后、右前、左前的顺序进行，如图3-2-11所示。

图3-2-10 安装制动分泵油管、密封圈及固定螺栓

图3-2-11 添加制动液

9）排气方法采用一人连续踩制动踏板，最后一下踩下制动踏板不松开，然后车外另一人将从制动分泵上松开排气孔螺栓，排除带有空气的制动液，以上过程连续操作 3~5 次，制动系统排气便完成，如图 3-2-12 所示。

图 3-2-12　制动系统排气

10）安装四轮轮胎，先用手带上轮胎螺栓，然后按对角线用轮胎拆装工具进行预紧，如图 3-2-13 所示。

11）操作举升机，降下车辆至地面。

12）利用地面的附着力固定轮胎，依对角线按规定力矩拧紧，如图 3-2-14 所示。

图 3-2-13　安装四轮轮胎　　　　　　　　　　图 3-2-14　按规定力矩拧紧

至此，线控制动系统整车安装完成，撤除车外及车内防护。

4. 整理工位

1）工具整理复位。

2）清洁整理工位。

二、线控制动系统的故障检修

1. 作业准备

操作设备是线控底盘系统装配调试台架。

工具/仪器包括数字万用表和示波器。

2. 故障检测前防护

个人防护，维修人员需戴防护手套。

实训台防护，需铺上格栅和翼子板防护。

3. 故障检测

1）故障现象。线控底盘系统测试装调实训台制动无助力，显示屏显示车身三级报警，如图 3-1-17 所示。

2）分析故障。根据底盘线控系统测试装调实训台的调试软件中报文信息显示，发现线控制动系统控制器（液压式线控制动系统 ECU）输出报文的 CAN1 中 ID 0x289 消失，可以判断为液压式线控制动系统 ECU 通信故障，如图 3-1-18 所示。

如图 3-2-15 所示，可能造成故障的原因如下：

① 线控制动系统控制器（液压式线控制动系统 ECU）电源故障。

② 线控制动系统控制器（液压式线控制动系统 ECU）CAN 通信故障。

③ 线控制动系统控制器（液压式线控制动系统 ECU）软件错误。

④ 线控制动系统控制器（液压式线控制动系统 ECU）故障。

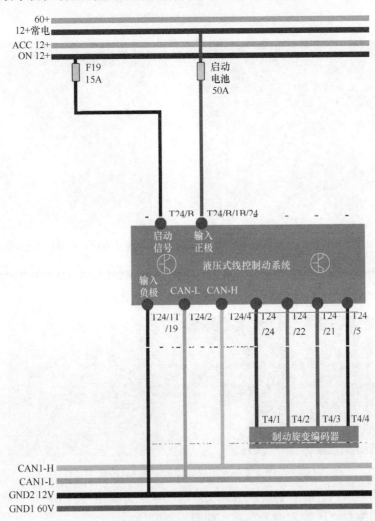

图 3-2-15　线控制动系统控制器电路图

3）检测故障。取下钥匙，拔下液压式线控制动系统 ECU 插头，然后插上钥匙并置于 ON 档位，如图 3-2-16 所示。

使用万用表电压档，黑表笔接液压式线控制动系统 ECU 插头搭铁 T24/17 号针脚，红表笔接液压式线控制动系统 ECU 插头 ON 供电 T24/6 号针脚，正常测量值应为 12V 左右，如

图 3-2-17 所示。

如以上测量结果不正常，需要接着测量供电电路和熔丝 F19，如图 3-2-18 所示。

图 3-2-16　液压式线控制动系统 ECU 插头

图 3-2-17　使用万用表电压档测量供电电压

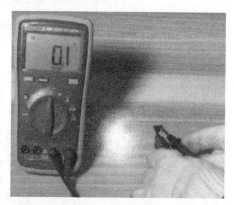

图 3-2-18　测量供电电路和熔丝 F19

使用万用表电压档，红表笔接液压式线控制动系统 ECU 插头 CAN-H T24/4 号针脚，黑表笔搭铁，正常测量值应为 2.55V 左右，如图 3-2-19 所示。

图 3-2-19　使用万用表电压档测量 CAN-H 电压

使用万用表电压档，红表笔接液压式线控制动系统 ECU 插头 CAN-L T24/3 号针脚，黑表笔搭铁，正常测量值应为 2.48V 左右，如图 3-2-20 所示。

若测量液压式线控制动系统 ECU 的 CAN 总线、供电和搭铁都无异常，则需检查是否有液压式线控制动系统 ECU 对应升级，若无，则需要更换液压式线控制动系统 ECU，如图 3-2-21所示。

经万用表测得，液压式线控制动系统 ECU 插头 CAN-L T24/3 号电路存在断路故障，为线控制动系统控制器（液压式线控制动系统 ECU）CAN 通信故障，如图 3-2-22 所示。

图 3-2-20　使用万用表电压档测量 CAN-L 电压

图 3-2-21　测量液压式线控制动
系统 ECU 的 CAN 总线、供电和搭铁

图 3-2-22　液压式线控制动系统
ECU 的 CAN 通信故障

4）修复故障。维修或更换相同型号的电路，实训台恢复正常状态，故障排除，撤除防护，如图 3-2-23 所示。

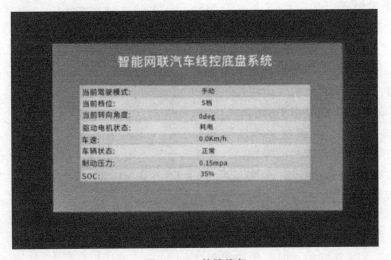

图 3-2-23　故障修复

4. 整理工位

1）工具整理复位。

2）清洁整理工位。

任务三　线控转向系统的装配与调试

 【任务导入】

线控转向系统（Steering By Wire，SBW）是智能网联汽车实现路径跟踪与避障避险必要的关键技术，为智能网联汽车实现自主转向提供了良好的硬件基础，其性能直接影响主动安全与驾乘体验。那你知道线控转向系统的结构和分类、工作原理、特点和应用吗？线控转向系统的整车装配和故障检修如何操作？学习本任务，你将回答以上问题。

 【知识准备】

一、线控转向系统的结构和分类

1. 线控转向系统的结构

线控转向系统是一种电控转向系统，该系统由电信号控制，并向电机发送电信号指令，实现转向功能。它取消了传统转向系统中转向盘与转向执行机构间的机械连接，使其与其他系统更加协调，对提高汽车的转向稳定性、驾驶舒适性和主动安全性具有重要意义。

线控转向系统主要由转向盘模块、前轮转向模块、主控制器（ECU）三个主要部分以及自动防故障系统、电源等辅助系统组成，图 3-3-1 所示为线控转向系统各个模块组成图。

（1）前轮转向模块　前轮转向模块包括前轮位移传感器、转向执行电机、电机控制器和前轮转向组件等，其功能是将测得的前轮转角信号反馈给主控制器，并接收主控制器的命令，控制转向盘完成所要求的前轮转角，人工驾驶模式时，实现驾驶人的转向意图。

（2）主控制器　主控制器对采集的信号进行分析处理，判别汽车的运动状态，向转向盘路感电机和转向执行电机发送命令，控制两个电机协调工作。人工驾驶模式时，主控制器还可以对驾驶人的操作指令进行识别，判定在当

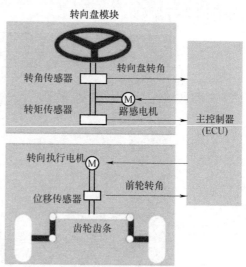

图 3-3-1　线控转向系统各个模块组成图

前状态下驾驶人的转向操作是否合理。当汽车处于非稳定状态或驾驶人发出错误指令时，前轮线控转向系统将自动进行稳定控制或将驾驶人错误的转向操作屏蔽，以合理的方式自动驾驶车辆，使汽车尽快恢复到稳定状态。

（3）**转向盘模块**　转向盘模块包括转向盘组件、转向盘转角传感器、转矩传感器、转向盘路感电机。人工驾驶模式时，其主要功能是将驾驶人的转向意图（通过测量转向盘转角）转换成数字信号并传递给主控制器，同时主控制器向转向盘路感电机发送控制信号，产生转向盘的反馈力矩，以提供给驾驶人相应的路感信息。

（4）**自动防故障系统**　自动防故障系统是线控转向系统的重要模块，它包括一系列的监控和实施算法，针对不同的故障形式和故障等级做出相应的处理，以求最大限度地保持汽车的正常行驶。线控转向技术采用严密的故障检测和处理逻辑，尽可能地提高汽车安全性能。

（5）**电源系统**　电源系统承担着控制器、两个执行电机以及其他车用电器的供电任务，其中仅前轮转角执行电机的最大功率就有 500~800W，加上汽车上的其他电子设备，电源的负担已经相当沉重。所以，要保证电网在大负荷下稳定工作，电源的性能就显得十分重要。

2. 线控转向系统的分类

目前，能适应自动驾驶汽车转向系统要求的主要有电动助力转向系统（EPS）和线控转向系统。

（1）**电动助力转向系统**　电动助力转向系统的结构如图 3-3-2 所示，在转向盘转动时，转向盘传感器将转动信号传到控制单元，控制单元通过计算给电机提供适当的电压，驱动电机输出的转矩，再经减速器降转速提转矩后推动转向拉杆，提供转向助力。

电动助力转向系统的主要优点是不含任何机械结构，设计和构造简便，助力与发动机转速无关，能够让转向盘在低速时更轻盈，高速时更稳定。缺点是需要长期保留机械装置，以保证冗余度，否则万一电子设备失效容易造成不良后果。

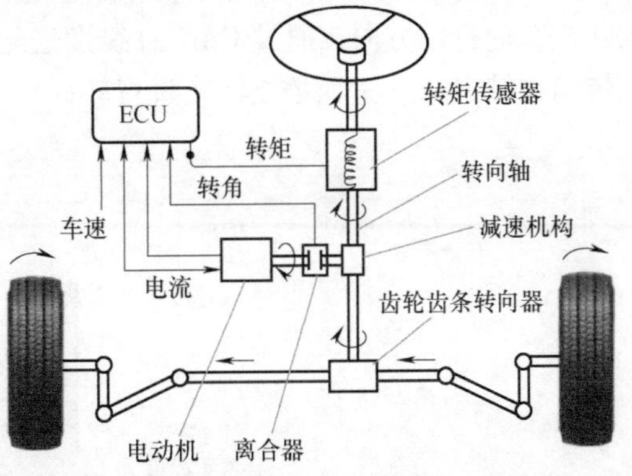

（2）**线控转向系统**　线控转向系统使用传感器获得转向盘旋转角数据，ECU 将其折算为具体的驱动力数据，用电机推动转向机转动车轮，如图 3-3-3 所示。

线控转向系统摆脱了传统转向的各种限

图 3-3-2　电动助力转向系统的结构

制，不但可以设计汽车转向的力传递特性，而且可以设计汽车转向的角传递特性，给汽车的转向特性设计带来更大的可发挥空间。

二、线控转向系统的工作原理

线控转向系统分为人工驾驶模式和自动驾驶模式。

人工驾驶模式：当转向盘转动时，转矩传感器和转角传感器将测量到的驾驶人转矩和转向盘的转角转变成电信号输入 ECU，ECU 控制转向执行电机的旋转方向、转矩大小和旋转角度，通过机械转向装置控制转向轮的转向位置，使汽车沿着驾驶人所期望的轨迹行驶。同时，汽车行驶的转速和转角等信息通过位移传感器转换成电信号反馈给 ECU，进而驱动路感电机，反馈给驾驶人一定的转向盘力矩，来模拟路感。

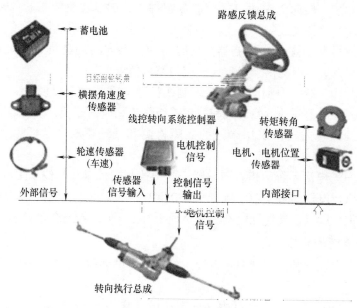

图 3-3-3 线控转向系统

自动驾驶模式：驾驶人转动转向盘的人工驾驶操作，将变为计算平台向 VCU 发送转向意图的自动驾驶操作，即计算平台根据接收的环境感知传感器的信号、预置的行驶轨迹等，判断汽车的行驶方向，通过 CAN 总线发送给 VCU，VCU 经计算再通过 CAN 总线发送给线控转向系统 ECU，进而控制汽车进行转向。图 3-3-4 所示为线控转向系统的工作原理图。

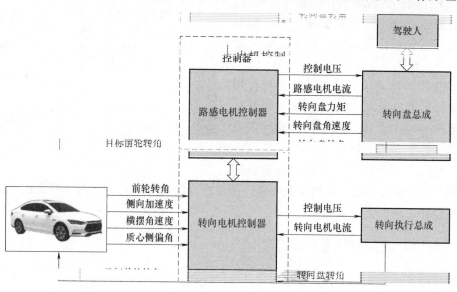

图 3-3-4 线控转向系统的工作原理图

三、线控转向系统的特点

线控转向技术与传统转向系统不同，线控转向系统取消了从转向盘到转向执行器之间的机械连接，完全由电控系统实现转向，可以摆脱传统转向系统的各种限制，汽车转向的力传递性和角度传递特性的设计空间更大，更方便与自动驾驶其他子系统（如感知、动力、底盘）实现集成，在改善汽车主动安全性、驾驶特性操纵性及驾驶人路感方面具有优势，线控转向系统的特点如下：

1）线控转向系统采用 ECU 实现对汽车转向的控制，理论上可以自由设计转向系统的角传递特性和力传递特性，具有传统转向系统不可比拟的性能特点。

2）提高汽车操纵稳定性。线控转向系统不受传统转向系统设计方式的限制，可以设计出符合人们期望的理想传动比。线控转向系统还可以实时监控前轮转角和汽车响应情况，并根据控制策略，主动做出补偿操作，提高汽车操纵稳定性。

3）优化驾驶路感。线控转向系统可以筛选掉路面颠簸等不利的干扰因素，提取出最能够反映汽车实际行驶状态和路面信息的因素，作为路感模拟的依据，并考虑到驾驶人的习惯，由主控制器控制路感电机产生良好的路感，提高驾驶人的驾驶体验。

4）节省空间，提高被动安全性。机械部件的减少，增加了驾驶人的活动空间，并方便了车内布置的设计；降低了转向系统强度，使其在碰撞中更易变形，在汽车发生事故时，减少了转向系统对驾驶人的伤害。

5）提高转向效率，降低能源消耗。线控转向系统不依赖于机械传递，其总线信号的传递速度，缩短了转向响应时间，转向效率提高。同时，机械传动减少，传动效率提高，整车重量减轻，降低了燃油消耗，更加节能环保。

6）无人驾驶汽车使用线控转向系统，是通过中央计算机收集数据并传输至转向系统，再由转向系统将数据转化为机械转向功能，实现转向。

四、线控转向系统的应用

线控转向系统是 20 世纪 70 年代美国国家航空航天局为控制高空高速飞行器而开发的智能操纵技术，因其敏捷、安全，目前该技术已是航空航天器的主流操纵技术。而英菲尼迪历经多年研发的 DAS 线控主动转向则是首个适用于量产汽车（英菲尼迪 Q50，如图 3-3-5 所示）的数字电传操纵技术成果。

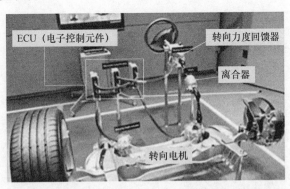

图 3-3-5　英菲尼迪 Q50 汽车线控主动转向系统的结构

百度 Apollo 样车、英伟达 BB8 等均以林肯 MKZ 的量产车为载体加装智能设备，其线控转向系统转向方式采用的是电动助力转向系统，通过 CAN 总线协议通信在线控制，从而实现转向系统实时控制，如图 3-3-6 所示。

长安汽车以长安 CX30 为平台，将传统的液压转向系统改装为线控转向系统，是国内第

图 3-3-6　林肯 MKZ 量产车加装智能设备

一辆装备线控转向系统并进行了场地试验的乘用车。系统采用了自主开发的转向盘模块、转向执行模块以及线控转向系统控制器，实现了转向盘与转向车轮间转矩与位置的耦合控制，具有可变的转向系统角传动比和力传动比特性，这些特性可以根据驾驶人的不同需求通过软件进行在线调整，如图 3-3-7 所示。

图 3-3-7　长安汽车装有线控转向系统

【技能训练】

一、线控转向系统整车装配

1. 作业准备

操作设备是智能网联教学车。

工具/仪器包括常用拆装工具套装、螺钉旋具套装、球头拆卸器、钳子、锤子、轮胎拆装工具等。

2. 拆装前防护

个人防护，维修人员需戴防护手套。

整车防护，车内部需铺上转向盘套、座椅套和脚垫，车外部需铺上格栅和翼子板防护。

3. 整车装配

1）将转向器放至安装位置，如图 3-3-8 所示。

2）安装转向器的左右两个固定卡箍并安装锁紧螺栓，如图 3-3-9 所示。

图 3-3-8　将转向器放至安装位置

图 3-3-9　安装固定卡箍及锁紧螺栓

3）安装转向横拉杆球头，然后安装固定螺母，并用尖嘴钳安装螺栓锁紧销，如图 3-3-10 所示。

4）操作举升机下降车辆至合适位置，安装两前轮胎，先用手带上轮胎螺栓，然后按对角线用轮胎拆装工具进行预紧，如图 3-3-11 所示。

图 3-3-10　安装转向横拉杆球头及固定螺母

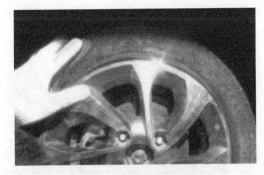

图 3-3-11　安装两前轮胎

5）操作举升机，降下车辆至地面，如图 3-3-12 所示。

6）利用地面的附着力固定轮胎，依对角线按规定力矩拧紧，如图 3-3-13 所示。

图 3-3-12　降下车辆

图 3-3-13　固定轮胎

7）在驾驶室处，将万向传动轴安装至转向器花键上，安装固定螺栓，并按规定力矩拧紧，如图 3-3-14 所示。

8）将助力转向电机安装至万向传动轴另一端，安装固定螺栓，并按规定力矩拧紧，如图 3-3-15 所示。

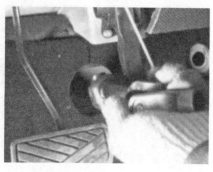

图 3-3-14　安装万向传动轴

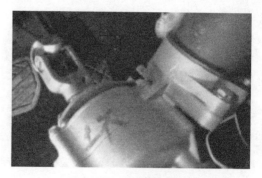

图 3-3-15　安装固定螺栓

9）将转向管柱上端安装孔对准防火墙支架孔，安装转向管柱四颗固定螺栓，并按规定力矩拧紧，如图 3-3-16 所示。

10）接下来安装线控转向系统的控制器，控制器安装在主驾驶人仪表台内部，首先连接控制器上所有插接器，再将控制器放入安装位置，安装固定螺栓，并按规定力矩拧紧，如图 3-3-17 所示。注意：最后安装供电插接器。

图 3-3-16　安装转向管柱四颗固定螺栓

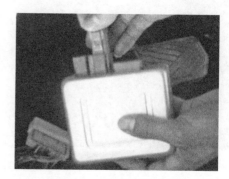

图 3-3-17　安装供电插接器

11）先将点火开关放至转向管柱，然后安装固定螺栓，并按规定力矩拧紧，如图 3-3-18 所示。

12）连接点火开关插接器，如图 3-3-19 所示。

图 3-3-18　安装固定螺栓

图 3-3-19　连接点火开关插接器

13）安装灯光和刮水器组合开关，用十字螺钉旋具安装固定螺栓，如图 3-3-20 所示。

14）连接灯光和刮水器线束插接器，如图 3-3-21 所示。

图 3-3-20　安装灯光和刮水器组合开关

图 3-3-21　连接灯光和刮水器线束插接器

15）安装安全气囊游丝及其插接器，如图 3-3-22 所示。

16）安装转向管柱上下装饰板，并用十字螺钉旋具进行固定螺栓，如图 3-3-23 所示。

图 3-3-22　安装安全气囊游丝及其插接器

图 3-3-23　安装转向管柱上下装饰板

17）安装转向盘前，需确定游丝旋转圈数的中间位置，方法为将安全气囊游丝向左旋转至极限位置，然后摆正游丝，向回旋转三圈，即中间位置，如图 3-3-24 所示。

18）确定轮胎朝向正前方，将转向盘放至转向管柱，安装固定螺母，并按规定力矩拧紧，如图 3-3-25 所示。

图 3-3-24　安装转向盘

图 3-3-25　安装固定螺母

19）连接安全气囊插接器，然后连接喇叭插接器，将安全气囊装入转向盘，如图 3-3-26 所示。注意：安装安全气囊前，需去除手上静电，转向系统整车装配完成后，还需要做转向调试和四轮定位。

20）安装蓄电池负极，并按规定力矩紧固，如图 3-3-27 所示。

图 3-3-26　安装安全气囊

图 3-3-27　安装蓄电池负极

至此，线控转向系统整车安装完成，可撤除车外及车内防护。

4. 整理工位

1）工具整理复位。

2）清洁整理工位。

二、线控转向系统的故障检修

1. 作业准备

操作设备是线控底盘系统装配调试台架。

工具/仪器包括数字万用表和示波器。

2. 故障检测前防护

个人防护，维修人员需戴防护手套。

实训台防护，需铺上格栅和翼子板防护。

3. 故障检测

1）故障现象。线控底盘系统测试装调实训台转向无助力，显示屏显示车身三级报警，如图 3-1-17 所示。

2）分析故障。根据线控底盘系统测试装调实训台的调试软件中报文信息显示，发现线控转向系统控制器（电动助力转向系统 ECU）输出报文的 CAN1 中 ID 0x18F 消失，可以判断为电动助力转向系统 ECU 通信故障，如图 3-1-18 所示。

如图 3-3-28 所示，可能造成故障的原因如下：

① 线控转向系统控制器（电动助力转向系统 ECU）电源故障。

② 线控转向系统控制器（电动助力转向系统 ECU）通信故障。

③ 线控转向系统控制器（电动助力转向系统 ECU）软件错误。

④ 线控转向系统控制器（电动助力转向系统 ECU）故障。

3）检测故障。取下钥匙，分别拔下电动助力转向系统 ECU 信号插头和供电插头，插上钥匙并置于 ON 档位，如图 3-1-25 所示。

使用万用表蜂鸣档，测量电动助力转向系统 ECU 供电插头搭铁 T2/2 号针脚和搭铁间通断，正常为导通状态，如图 3-3-29 所示。

使用万用表电压档，黑表笔接电动助力转向系统 ECU 供电插头搭铁 T2/2 号针脚，红表

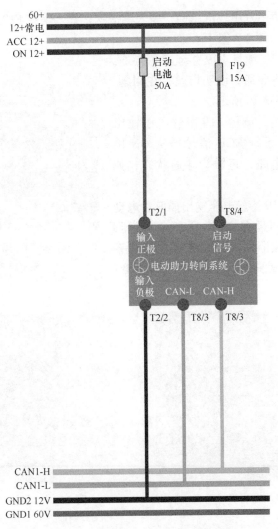

图 3-3-28 线控转向系统控制器电路图

笔接电动助力转向系统 ECU 信号插头 ON 供电 T8/4 号针脚，正常测量值应为 12V 左右，如图 3-3-30 所示。

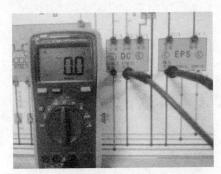

图 3-3-29 测量电动助力转向系统 ECU
供电插头搭铁 T2/2 号针脚

图 3-3-30 使用万用表电压档

拔下 F19 熔丝，使用万用表电压档，黑表笔搭铁，红表笔接 F19 电压输入插座，正常测量值应为 12V 左右，如图 3-3-31 所示。

使用万用表蜂鸣档，测量 F19 熔丝是否导通，正常为导通状态。如不导通，说明熔丝存在问题，需要更换熔丝，如图 3-2-18 所示。

使用万用表蜂鸣档，测量 F19 熔丝电压输出插座和电动助力转向系统 ECU 信号插头 ON 供电 T8/4 号针脚之间电路，正常为导通状态，如图 3-3-32 所示。

经万用表测得，F19 熔丝电压输出插座和电动助力转向系统 ECU 信号插头 ON 供电 T8/4 号针脚之间电路无穷大，存在断路故障，为线控转向系统控制器（电动助力转向系统 ECU）电源故障，如图 3-3-33 所示。

图 3-3-31　黑表笔搭铁，红表笔接 F19 电压输入插座

图 3-3-32　使用万用表蜂鸣档

图 3-3-33　线控转向系统控制器（电动助力转向系统 ECU）电源故障

4）修复故障。维修或更换相同型号的电路，实训台恢复正常状态，故障排除，撤除防护，如图 3-2-23 所示。

4. 整理工位

1）工具整理复位。

2）清洁整理工位。

任务四　线控底盘 CAN 协议的测试

【任务导入】

随着汽车电动化、智能化和网联化的发展，汽车上的传感器越来越多，而且汽车上的传

感器和道路基础设施上的传感器也要互联互通，这样智能网联汽车就会变成一个庞大的网络系统。智能网联汽车主要包括三种网络，即以车内总线通信为基础的车内网络，也称车载网络；以短距离通信为基础的车载自组织网络；以远距离通信为基础的车载移动互联网络。车载网络是基于 CAN 线、LIN 线等总线技术建立的标准化整车网络，实现车内各电器、电子单元间的状态信息和控制信号在车内网上的传输，使车辆具有状态感知、故障诊断和智能控制等功能。你知道线控底盘 CAN 控制协议的含义吗？发送 CAN 报文的方法是什么？学习本任务，你将回答以上问题。

【知识准备】

一、CAN 调测软件参数设置

线控底盘 CAN 调测软件操作如下：

1）在进行线控底盘 CAN 调测时，需要打开笔记本上的 CAN 调测软件（USB-CAN），如图 3-4-1 所示，选择设备操作下拉列表的启动设备。

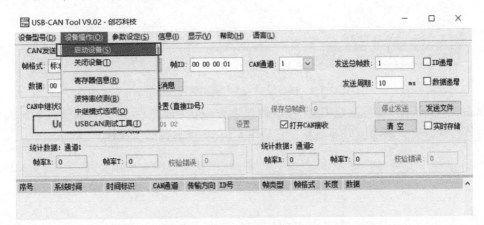

图 3-4-1　CAN 调测软件启动界面

启动设备后，会出现图 3-4-2 所示界面，选择"确定"即可。

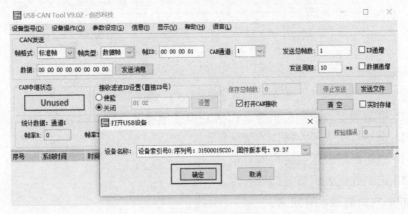

图 3-4-2　选择"确定"

2）选择图 3-4-3 所示 CAN 调试参数，单击"确定"即可。

3）如图 3-4-4 所示，CAN 调测软件控制栏中，帧格式选择标准帧，帧类型选择数据帧，帧 ID 为 00 00 01 20，CAN 通道选择 1，发送总帧数为 190，发送周期为 100ms，使线控底盘实现转向、驱动或者制动动作保持 3s 以上。

二、线控底盘 CAN 控制协议

CAN 是控制局域网网络的建成，是德国博世公司在 1985 年为解决汽车上众多测试仪器与控制单元之间的数据传输而开发的一种支持分布式控制的串行数据通信总线。CAN 网络属于车

图 3-4-3　CAN 调测软件参数设置界面

载网络中的一种，车载网络由控制单元、数据总线、通信协议及网管组成。CAN 控制协议其实相当于人类的语言，不同类型的数据总线采用的通信协议也不相同。

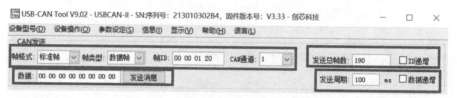

图 3-4-4　线控底盘 CAN 调测软件控制栏

如图 3-4-5 所示，线控底盘 CAN 控制协议主要包括档位、左转向有效值、右转向有效值、节气门开合度、制动压力等信息，它是由 8 组 16 进制数据组成的。

OUT	IN	ID	周期	字节		定义	格式
				Byte0	bit0	使能信号	0：未使能　　1：使能
					bit1	档位	0x00：P 位；0x01：倒位R；0x02：N 位；0x03：D 位
					bit2		
					bit3		
					bit4		
					Bit5		
					Bit6		
					Bit7		
AGX	VCU	0x120	100ms	Byte1		左转向	有效值：0-100，精度1%，物理量0%-100%
				Byte2		右转向	有效值：0-100，精度1%，物理量0%-100%
				Byte3		节气门开合度	有效值：0-100，精度1%，物理量0%-100%
				Byte4			
				Byte5			
				Byte6	bit0	制动使能	1：使能制动　0：不使能制动
					bit1~bit7	制动压力请求	有效值：0-100，精度1%，物理量0%-100%
				Byte7	bit0	警告灯	保留
					bit1~bit7	保留	

图 3-4-5　线控底盘 CAN 控制协议

第一组 16 进制数据表示档位信息，包括 P 位、倒档 R、N 位和 D 位。

第二组 16 进制数据表示左转向有效值。

第三组 16 进制数据表示右转向有效值。

第四组 16 进制数据表示节气门开合度。

第五组和第六组数据没有定义。

第七组 16 进制数据表示制动压力。

第八组数据没有定义。

CAN 控制协议分析如下：

1. 打开 CAN 调试软件

CAN 调试软件如图 3-4-6 所示。

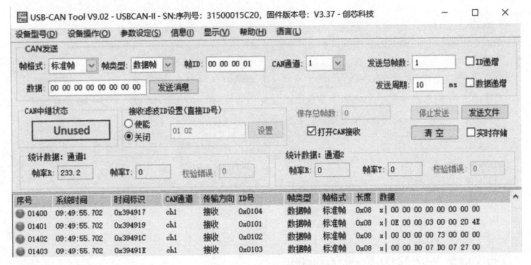

图 3-4-6　CAN 调试软件

2. 分析报文

（1）查看发送报文内容　打开目标文件，查看报文内容，如图 3-4-7 所示。

（2）确定 Byte0 报文信息　由 D 位获知 Byte0 信息。

确定 bit0 使能信号位为 1，档位信号为 3，换算成二进制 bit1，bit2 为 11。

bit3～bit7 数字全为 0。Byte0 二进制数 00000111 换算成 16 进制数为 07。

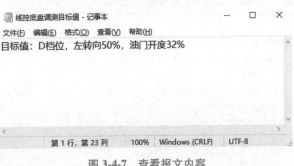

图 3-4-7　查看报文内容

（3）确定 Byte1 报文信息　由左转 50%信息获知：Byte1 有效值为 50，换算成十六进制为 32。

（4）确定 Byte2 报文信息　无右转信息，得知 Byte2 信息为 00。

（5）确定 Byte3 报文信息　由节气门开度 32%信息获知：Byte3 有效值为 32，换算成十六进制为 20。

（6）确定 Byte4 报文信息　无信息，得知 Byte4 信息为 00。

（7）确定 Byte5 报文信息　无信息，得知 Byte5 信息为 00。

（8）确定 Byte6 报文信息　无制动信息，得知 Byte6 信息为 00。

（9）确定 Byte7 报文信息　无信息，得知 Byte7 信息为 00，得出所发报文信息为 07 32

00 20 00 00 00 00。

三、发送报文命令

1. 选择帧 ID

选择帧 ID 为 00 00 01 20，如图 3-4-8 所示。

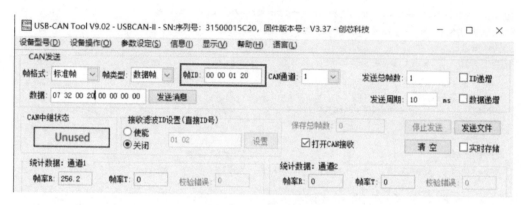

图 3-4-8　选择帧 ID

2. 输入发送数据

发报文信息为 07 32 00 20 00 00 00 00。

3. 发送报文

输入总帧数 100，选择发送周期 100ms，单击"发送文件"，如图 3-4-9 所示（注意：发送报文前遥控器切换到自动驾驶模式）。

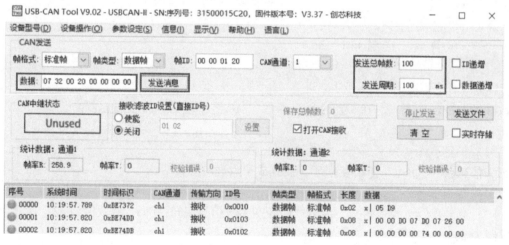

图 3-4-9　发送报文

4. 查看报文执行

发送报文后，发现小车会自动左转向 50%，驱动轮转动，转速为最高转速的 32%，如图 3-4-10 所示。

图 3-4-10 查看报文执行

【技能训练】

线控底盘系统的故障检修

1. 作业准备

（1）清洁操作工位　用抹布清洁各零部件、CAN 分析仪、安全防护工具等，如图 3-4-11 所示。

图 3-4-11 作业准备

（2）使用安全防护用具　正确使用安全防护用具。

（3）检查工具、设备的外观　检查 CAN 分析仪及连接线束是否正常，检查计算机是否正常。

2. 故障现象

（1）车辆准备　将车辆后桥用卧式举升机举起，离地间隙小于 5cm，如图 3-4-12 所示。

（2）打开电源　打开车辆总电源和遥控器开关电源，如图 3-4-13 所示。

（3）发现故障　打开电源后智能网联汽车无自检（前轮左右转向，制动声响，制动灯亮后自动回正），遥控器转向、驱动车辆无反应，如图 3-4-14 所示。

3. 分析故障码

线控底盘系统中故障码的读取与分析，具体

图 3-4-12 车辆准备

操作流程如下：

图 3-4-13　打开电源

图 3-4-14　发现故障

（1）连接底盘 CAN 线

1）连接 CAN 分析仪接收线。将接收线连接至 CAN 分析仪，红线接 H，黑线接 L。用 USB 数据线连接 CAN 分析仪至计算机，如图 3-4-15 所示。

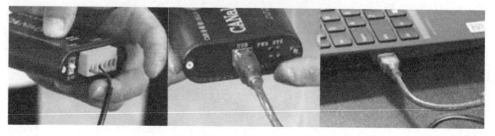

图 3-4-15　连接底盘 CAN 线

2）连接 CAN 分析仪至底盘 CAN 线。关闭底盘总电源开关和遥控器开关，将底盘 CAN 线连接至 CAN 分析仪，如图 3-4-16 所示。

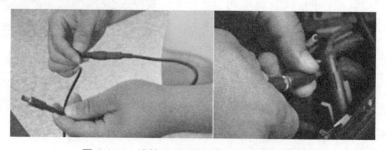

图 3-4-16　连接 CAN 分析仪至底盘 CAN 线

（2）查看故障码

1）打开 CAN 调试软件。打开智能网联汽车总电源开关，打开遥控器开关。双击 CAN TOOL 软件图标—选择设备型号—启动设备—选择 CAN 通道号—选择波特率 500k bps—单击"确定"—合并相同 ID—选择帧格式和类型，如图 3-4-17 所示。

2）确定读码位置。查询智能网联汽车产品手册，确定故障码读取位置：ID 号为 0×0102，数据组前四位为故障码读取位置，如图 3-4-18 所示。

3）读取故障码。读取故障码十六进制代码为 56，转换成十进制为 86，如图 3-4-19 所示。

4）分析故障码内容。查询智能网联汽车产品手册，分析故障码内容，确定为制动通信故障，见表 3-4-1。

表 3-4-1 确定故障码内容

序号	故障码（10 进制）	含义
1	18	电机 V 相过电流故障
2	23	动力蓄电池包母线过电压故障
3	28	电机过热
4	29	电机控制器过热
5	30	电机温度故障
6	32	电机编码器故障
7	38	通信故障
8	41	转向电机故障
9	42	转向系统故障
10	49	动力蓄电池包温度均衡故障
11	79	制动故障
12	83	轮速传感器故障
13	84	驱动故障
14	86	制动通信故障
15	87	转向通信故障
16	89	制动故障

4. 测量排故

学习线控底盘故障诊断与检修，以智能网联汽车为教学用车，当汽车的底盘发生故障时，该如何诊断故障，具体规范操作步骤是什么？同时，在诊断和修复的过程中，又使用到哪些工具呢？下面介绍测量排故的具体操作流程：

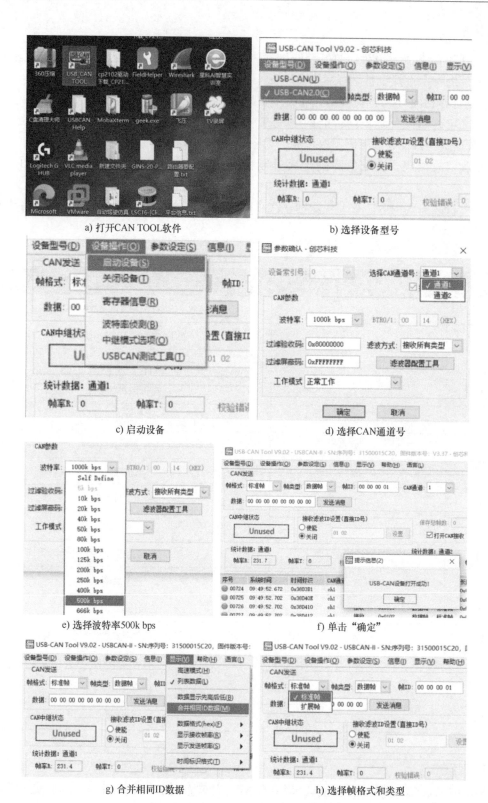

a) 打开CAN TOOL软件

b) 选择设备型号

c) 启动设备

d) 选择CAN通道号

e) 选择波特率500k bps

f) 单击"确定"

g) 合并相同ID数据

h) 选择帧格式和类型

图 3-4-17　打开 CAN 调试软件

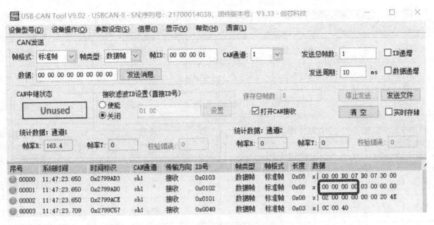

图 3-4-18　确定读码位置

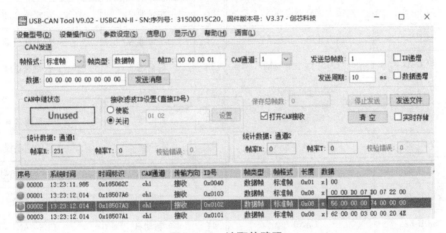

图 3-4-19　读取故障码

（1）查看底盘电路图　查询智能网联汽车产品手册，查看底盘原理图和底盘针脚定义表，如图 3-4-20 所示和见表 3-4-2。

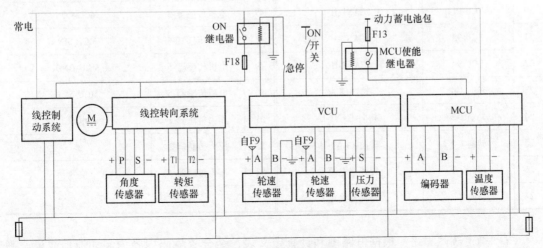

图 3-4-20　底盘电路图

125

表 3-4-2　底盘针脚定义

序号	针脚号	针脚定义	序号	针脚号	针脚定义
1	VCU-3	VCU 负极	28	转向 2-3	副角度信号
2	VCU-4	VCU 负极	29	转向 2-4	主角度信号
3	VCU-5	VCU 正极	30	转向 2-5	传感器电源 2
4	VCU-11	压力传感器信号	31	转向 2-6	传感器接地 2
5	VCU-15	左轮速 A 相	32	转向 2-7	主转矩信号 1
6	VCU-16	左轮速 B 相	33	转向 2-8	副转矩信号 2
7	VCU-17	右轮速 A 相	34	左轮速-1	左轮速正极
8	VCU-18	右轮速 B 相	35	左轮速-2	左轮速 A 相
9	VCU-19	压力传感器电源 5V+	36	左轮速-3	左轮速 B 相
10	VCU-20	压力传感器负极 5V−	37	左轮速-4	左轮速负极
11	VCU-23	ACC 继电器驱动	38	右轮速-1	右轮速正极
12	VCU-24	ON 继电器驱动	39	右轮速-2	右轮速 A 相
13	VCU-34	ACC 信号输入	40	右轮速-3	右轮速 B 相
14	VCU-35	ON 信号输入	41	右轮速-4	右轮速负极
15	VCU-43	MCU 继电器驱动	42	制动-1	EBS 启动信号
16	VCU-73	急停信号	43	制动-2	EBS-CAN1-H
17	VCU-82	CAN0-L	44	制动-3	EBS-CAN1-L
18	VCU-83	CAN0-H	45	电机传感器-1	MCU-NTC+
19	VCU-90	CAN1-L	46	电机传感器-2	MCU-NTC−
20	VCU-91	CAN1-H	47	电机传感器-3	MCU-COS
21	VCU-98	CAN2-L	48	电机传感器-4	MCU-SIN
22	VCU-99	CAN2-H	49	电机传感器-5	MCU-GND
23	转向 1-4	转向使能	50	电机传感器-6	MCU-5V+
24	转向 1-3	转向-CAN1-L	51	压力传感器 1	电源
25	转向 1-8	转向-CAN1-H	52	压力传感器 2	地
26	转向 2-1	传感器电源 1	53	压力传感器 3	信号
27	转向 2-2	传感器接地 1			

（2）确定故障思路　根据电路图和针脚定义表，结合故障码内容为制动通信故障，确

定故障测量点。测量制动 1 号、制动 2 号、制动 3 号端子电压。

（3）了解故障检测系统　了解故障检测系统各端子意义，确定制动系统针脚位置，如图 3-4-21 所示。

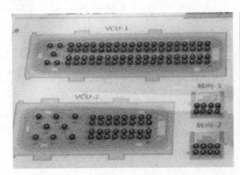

图 3-4-21　制动系统针脚位置

（4）测量制动 1 号针脚电压　连接 VCU1 3 号针脚和制动 1 号针脚，读取端电压。未测量出电压，制动 1 号针脚电路断路，如图 3-4-22 所示。

（5）测量制动 2 号针脚电压　连接 VCU1 3 号针脚和制动 2 号针脚，读取端电压。测量电压为 2.56V，制动 2 号端子正常，如图 3-4-23 所示。

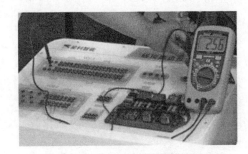

图 3-4-22　测量制动 1 号针脚电压　　　　　图 3-4-23　测量制动 2 号针脚电压

（6）测量制动 3 号针脚电压　连接 VCU1 3 号针脚和制动 3 号针脚，读取端电压。测量电压为 2.51V，制动 3 号针脚正常，如图 3-4-24 所示。

（7）再次确认故障点　再次确认故障点如图 3-4-25 所示。

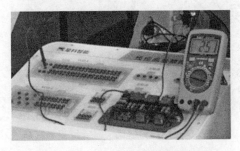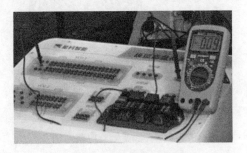

图 3-4-24　测量制动 3 号针脚电压　　　　　图 3-4-25　再次确认故障点

（8）检查熔丝是否断路　查看手册根据电路图和熔丝定义，如图 3-4-26 所示。找到 18 号熔丝，检查熔丝是否断路。检查熔丝电阻，熔丝正常，如图 3-4-27 所示。

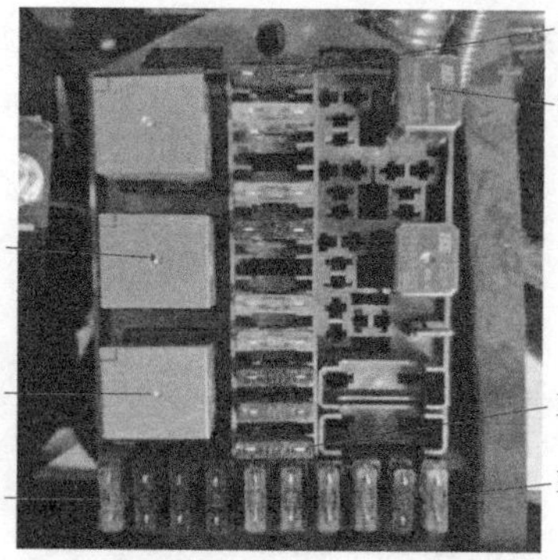

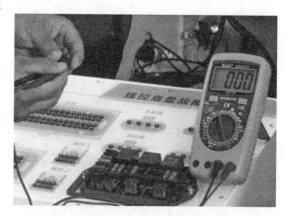

序号	熔丝编号	名称
1	F3	WLAN
2	F4	Lidar
3	F5	Radar
4	F6	M2
5	F7	CAM
6	F8	ULT
7	F9	轮速传感器
8	F10	急停遥控接收模块
9	F13	MCU
10	F14	LCD
11	F15	AGX
12	F18	使能
13	F21	开关

图 3-4-26　检查熔丝是否断路

（9）测量熔丝电路电压　测量 18 号熔丝和 VCU1 3 号针脚之间电压。

查看电路图，确定制动 1 号针脚与电源正极之间断路。找到 18 号熔丝，检查熔丝电压为 13.41V，确定电源正极和熔丝之间电路正常，如图 3-4-28 所示。

（10）测量熔丝与制动 1 号针脚是否通断　测量熔丝与制动 1 号针脚之间电阻为无穷大，确定熔丝与制动 1 号针脚之间断路，如图 3-4-29 所示。

（11）排除故障　找到熔丝 18 号针脚与制动 1 号端子断路点并修复，故障排除。

图 3-4-27　检查熔丝电阻

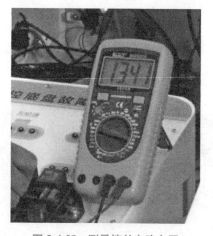

图 3-4-28　测量熔丝电路电压

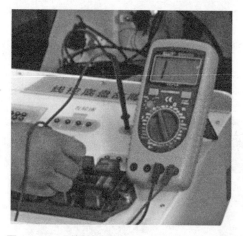

图 3-4-29　测量熔丝与制动 1 号针脚是否通断

（12）验证故障是否排除

1）重启车辆电源，观察车辆是否自检。

2）重新读取故障码。车辆自检正常后，重新连接 CAN 分析仪，读取故障码发现无故障码，故障排除，如图 3-4-30 所示。

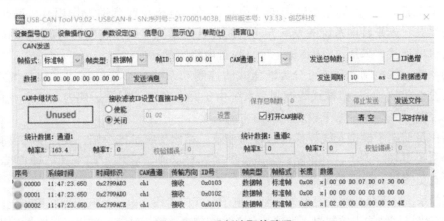

图 3-4-30　重新读取故障码

(13) 整理工位

1）关闭智能网联汽车总电源开关、动力蓄电池包电源开关和遥控器开关。

2）工具、防护用品归位。

【延伸阅读】

　　在电动化与智能化两大发展趋势下，我国正处于功能汽车向智能汽车转型的拐角之处，无数新兴技术得到长足进步。作为智能驾驶的主要载体，汽车线控底盘技术将创造一个新的未来，未来高阶自动驾驶将基于线控化的底盘来实现。传统而笨重的"铁家伙"们将被以电信号驱动的传感器、控制单元及电磁执行机构取代。

　　线控底盘技术到底是什么？

　　线控技术是指由"电线"或者电信号来传递控制，取代传统机械连接装置的"硬"连接来实现操控的一种技术。线控底盘由转向、制动、换档、驱动、悬架五大系统构成。如图 3-4-31 所示，线控系统取消了部分笨重且精度较低的气动、液压及机械连接，取而代之以电信号驱动的传感器、控制单元及电磁执行机构，因此具有结构紧凑、可控性好、响应速度快等优势。

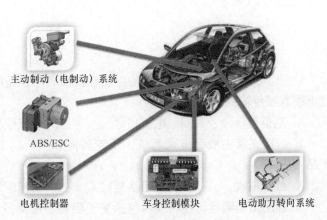

图 3-4-31　线控底盘控制系统

　　线控技术实现过程：传感器将驾驶人的操纵指令转换成电信号传送给控制器，控制器分析信号，并将指令发送给执行机构，最终由功能装置实现目标指令。

　　线控底盘的结构包括什么？

转向系统：转向系统从机械式向电控助力式不断升级。当前市场主流配置是电动助力转向系统（半线控转向），仍保留转向轴及齿轮齿条，电机仅起到助力作用，可满足 L0～L2 级别自动驾驶；未来转向系统的发展方向是线控转向系统（线控转向），彻底取消转向盘和齿条间的机械连接，采用 ECU 传递指令，执行电机驱动转向轮转动。

制动系统：线控制动系统可分为液压式线控制动系统（半线控制动）和机械式线控制动系统（全线控制动），机械式线控制动系统由于冗余备份等问题短期内较难商业化，所以液压式线控制动系统将是未来较长时间内主流方案。

换档：目前电子换档及线控换档已较为普及，相比传统机械换档，线控换档没有拉线束缚，整个系统更轻、更小、更智能，突破传统变速杆必须放在中控与变速器硬连接的限制，使换档形式更多样，换档更高效、简洁。

节气门系统：节气门系统已经发展到了电子节气门阶段，电子节气门即线控节气门，通过电子结构替代机械结构来控制汽车加速，具有控制精确、稳定性高的特点，已基本实现普及。

悬架系统：悬架系统发展从被动调节到主动调节，螺旋弹簧+减振器组合向空气弹簧+CDC 型减振器组合升级，空气悬架已逐步成为中高端智能电动汽车标配。

【学习小结】

通过本项目的学习，掌握了线控驱动系统、线控制动系统和线控转向系统的结构、工作原理、特点和应用、整车装配步骤、故障检修流程和方法，学习了线控底盘 CAN 协议的含义，掌握线控底盘 CAN 协议的参数设置和报文发送方法，为掌握智能网联汽车线控底盘技术打下坚实的基础。

【课后习题】

一、单项选择题

1. 汽车线控技术是将驾驶人的操纵意图和动作，经过特定传感器转变为（　　），再通过电缆直接传输到执行机构。

A. 电信号　　　　B. 电压信号　　　　C. 电流信号　　　　D. 相位信号

2. 线控底盘主要有五大系统，线控转向和（　　）是面向自动驾驶执行端最核心的产品。

A. 线控制动　　　　B. 线控换档　　　　C. 线控驱动　　　　D. 线控悬架

3. 智能化车辆运动控制技术包括基于驱动、制动系统的（　　）运动控制，基于转向系统的横向运动控制，基于悬架系统的垂向运动控制，基于驱动/制动/转向/悬架的底盘一体化控制，以及利用通信及车载传感器的车队列协同和车路协同控制等。

A. 纵向　　　　B. 减速　　　　C. 加速　　　　D. 匀速

4. 电子节气门通过用线束来代替拉索或者拉杆，在节气门安装微型（　　）来驱动节气门开度。

A. 发电机　　　　　　B. 电机控制器　　　　C. 电动机　　　　　　D. 液压装置

5. 目前，电子节气门已经大量应用，凡具备（　　）功能的车辆都配备有电子节气门。

A. 自动紧急制动　　　B. 定速巡航　　　　　C. 盲区监视　　　　　D. 抬头显示

6. （　　）为执行系统的核心功能，目前全球领先的一级供应商依靠成熟的底盘控制技术和规模效应，在线控制动领域占据主导地位，且在底盘控制通信协议及接口不对外开放，形成了一定程度的行业壁垒。

A. 线控系统　　　　　B. 转向　　　　　　　C. 节气门　　　　　　D. 换档

7. 智能网联汽车控制系统主要包括车辆的横向控制：转向；纵向控制：加速、制动；（　　）：转向灯、前照灯以及档位等底层功能，其直接决定了车辆的安全性和舒适性。

A. 执行器　　　　　　B. 底层控制　　　　　C. 传感器　　　　　　D. 车载系统

8. 以下不属于线控制动系统优点的是（　　）。

A. 结构简单，整车质量小

B. 便于扩展和增加其他电控制功能

C. 可以使用具有容错功能的车用网络通信协议

D. 存在控制系统及其电子设备的可靠性问题

9. CAN 总线网络传输的帧主要包括数据帧、远程帧、错误帧和（　　）。

A. 过载帧　　　　　　B. 距离帧　　　　　　C. 监控帧　　　　　　D. 传输帧

10. 汽车 CAN 总线采用（　　）作为传输介质，是一种（　　）总线。

A. 双绞线，多主　　　　　　　　　　　　B. 双绞线，单主多从

C. 单线，多主　　　　　　　　　　　　　D. 单线，单主多从

二、判断题

1. 线控驱动系统比机械节气门反应快。（　　）

2. 液压式线控制动系统由真空助力器、主缸、储液壶、轮缸、制动鼓或制动盘构成。（　　）

3. 线控转向系统在改善汽车主动安全性能、驾驶特性、操纵性以及驾驶人路感方面具有优势。（　　）

4. 车载移动互联网是基于 CAN 线、LIN 线等总线技术建立的标准化整车网络。（　　）

5. 线控底盘 CAN 控制协议由 2 组 16 进制数据组成。（　　）

三、填空题

1. 智能网联汽车上的线控驱动系统由_____、_____、加速踏板、变速杆（或按键、旋钮）和机械传动装置等构成。

2. 汽车线控技术的核心是_____和_____。

3. 市面上主流液压式线控制动系统线控制动技术，根据技术方向可分为_____、_____和_____三类。

4. 线控制动系统即电子控制制动系统，可分为_____和_____。

5. 线控转向故障检测主要实用工具有_____和_____。

项目四

智能座舱与机器视觉系统

【案例导入】

随着智能手机、平板电脑等电子产品的使用率不断提高，相关的智能化需求也在慢慢转移到车端，其中，智能座舱的研发是与驾驶体验极为直接的部分。智能座舱主要是通过各种智能化的手段满足不同人群的差异化需求，体现出汽车不仅带来了出行的方便，更兼具信息化、人性化和时尚化的特点。同时，随着电子化、信息化与人工智能技术的发展，小型化和嵌入式的视觉传感器得到了广泛应用，人们可以从车载摄像头中获得更智能的结果，即通过摄像头的视场，感知驾驶环境，使驾驶人开车出行更加安全。

智能座舱的定义及组成是什么？机器视觉的基本原理是什么？目标识别的主要应用有哪些？学习本项目，读者便可以得到答案。

【项目目标】

知识与技能	过程与方法	情感态度与价值观
1）了解基于深度学习的图像识别技术 2）了解机器视觉技术基本原理、图像分析方法和机器视觉技术在智能汽车上的应用 3）了解摄像头的行人识别技术、车辆识别技术和车道线识别技术 4）了解摄像头标定原理、摄像头标定方法和摄像头标定流程 5）掌握摄像头的选型与安装、内参标定、车道线检测和目标识别等技能	1）采用一体化分小步教学方法，边讲边练边评，提高学生操作技能 2）通过电子教案辅助学习，培养学生自主学习和探究学习能力 3）任务驱动教学法：通过布置任务，学生集体讨论，小组互助竞赛机制，激发学生的学习兴趣	1）通过知识的学习，培养学生乐观的生活态度、求真的科学态度、宽容的人生态度 2）通过图片、视频及案例引导学生积极思维，激发学生学习兴趣和求知欲望 3）通过对实训步骤进行分析，提高学生分析和知识迁移的能力 4）通过实践训练，培养学生实事求是、自强不息、爱岗敬业、团队合作的精神

任务一　智能座舱系统的认知

【任务导入】

智能网联汽车上装有智能座舱系统，智能车机系统为驾驶人和乘客提供了多种功能，智能组合仪表系统是驾驶人了解当前车辆状态的重要窗口，T-BOX 车联网终端系统是连接车与人、车与路、车与车的重要载体。那你知道智能座舱的定义是什么吗？智能座舱系统的组成包括哪些？学习本任务，你将回答以上问题。

【知识准备】

一、智能座舱系统的概述

随着信息技术的不断发展，汽车正向着电动化、智能化、网络化、共享化发展，汽车智能座舱已成为发展趋势。对于智能座舱，学术界没有明确的定义。产业界的定义分为广义和狭义：广义的智能座舱是指所有与驾乘人员相关，能结合云端大数据和车辆自身数据，与驾乘人员智能交互的载体，如各类显示屏、座椅、氛围灯、IVI（车载信息娱乐系统）等；狭义的智能座舱是指基于视觉和语音等与驾乘人员交互的各种显示屏载体，包括 IVI、仪表和 HUD（平视显示器）、生物识别等，与驾驶人相关性更大，图 4-1-1 所示为智能网联汽车智能座舱。

智能座舱趋向于电动化的原因，最关键的优势就是电能的使用，从而改变了汽车的使用体验，支持更高速智能的云联网，并为在车内使用更多电子设备提供了充足的电能供应。进而使电动车不仅是一个移动工具，更是用户生活的连接和延伸。

图 4-1-1　智能网联汽车智能座舱

二、智能座舱系统的组成

智能座舱系统主要包括智能组合仪表系统、智能中控显示系统、平视显示系统和 T-BOX 通信模块。通过 T-BOX 终端与云端数据平台对接交互，实现各类信息传输交互认证，实现诸如生物识别、行为习惯导入、实时信息等应用，以获取计算、存储和安全高效的服务。

1. 智能组合仪表系统

智能组合仪表是汽车中最基本的部件，它是人和汽车的交互界面，汽车仪表由各种仪表、指示器、警告灯和报警器组成，为驾驶人提供所需的汽车运行状态信息。

汽车仪表就像一扇窗户，随时反映出汽车的运行状态，同时它又是部分设备的控制中心和被装饰的对象，对整车的运行进行监测的仪器，通过它们显示出车辆状态、电池和电机状态、灯具的指示状态、安全组件的工作状态、车辆的现时速度和里程积累。同时，仪表还设有变速档位指示、时钟、环境温度表、路面倾斜表和地面高度表等，图 4-1-2 所示为智能组合仪表系统。

2. 智能中控显示系统（车机）

智能座舱系统的中控显示系统为 IVI，是采用车载专用中央处理器，基于车身总线系统和互联网服务，形成的车载综合信息处理系统。IVI 能够实现包括三维导航、实时路况、IPTV、辅助驾驶、故障检测、车辆信息、车身控制、移动办公、无线通信、基于在线的娱乐功能及 TSP 服务等一系列应用，极大地提升车辆电子化、网络化和智能化水平，如图 4-1-3 所示。

图 4-1-2　智能组合仪表系统

3. 平视显示系统

平视显示系统最早是运用在航空器上的飞行辅助仪器，这项技术在 20 世纪 80 年代首次应用到汽车上。平视显示系统是指将各种车辆系统的信息投影显示到扩大的驾驶人视野中的光学系统。如果想了解这些参数，驾驶人不必明显地改变头部位置，只需在端坐的同时将目光投向道路即可。由于头部可以保持在"上部"，只须略微低下，因而此系统得名"平视"显示系统，如图 4-1-4 所示。

图 4-1-3　智能中控显示系统

图 4-1-4　平视显示系统

平视显示系统的显示使驾驶人能够快速、精准地获得重要的车辆信息。在带有平视显示系统的车辆上使用专门的风窗玻璃可以让人产生这样的感觉：平视显示系统所显示的内容并不是出现在风窗玻璃上，而是出现在离驾驶人 2~2.5m 的舒适距离上。平视显示内容似乎悬浮在发动机舱盖上方。

随着汽车的智能化与网联化趋势越来越明确，奔驰、宝马、奥迪等大部分品牌厂家都推出了带平视显示功能的车型，这也使平视显示系统在"驾驶更安全、更舒适"方面得到越来越多的认可，也使平视显示系统成为智能座舱系统必不可少的一个组成部分。

图 4-1-5 所示为一个典型的平视显示系统成像的工作原理图,利用平视显示系统的照明系统,通过显示器和投影控制单元,再经过两个镜面发射,使图像投射到风窗玻璃上,在风窗玻璃前形成一个虚像,驾驶人坐在驾驶位上即能看到投影显示内容。

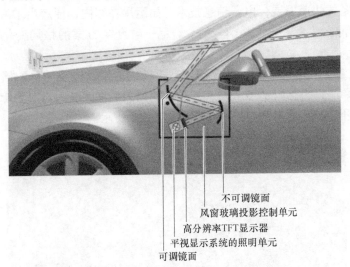

不可调镜面
风窗玻璃投影控制单元
高分辨率TFT显示器
平视显示系统的照明单元
可调镜面

图 4-1-5 平视显示系统成像的工作原理图

平视显示系统的中心元件是风窗玻璃投影控制单元。平视显示系统所需的所有光学、机械和电气元件都安装在这个控制单元中,其外观如图 4-1-6 所示,一般安装紧邻组合仪表正前部的位置。

4. T-BOX 通信模块

T-BOX 通信模块一般安装在转向盘下面,如图 4-1-7 所示。T-BOX 作为无线网关,通过 4G 远程无线通信、GPS 卫星定位、加速度传感和 CAN 通信等功能,为整车提供远程通信接口,提供包括行车数据采集、行驶轨迹记录、车辆故障监控、车辆远程查询和控制、驾驶行为分析、4G 无线热点分享等服务。T-BOX 有各种各样的接口与总线相连,不仅包括传统的控制器局域网 CAN(Controller Area Network)、局域互联网络 LIN(Local Interconnect Network)以及调试接口 RS232/RS485/USB2.0 等,还包括了汽车总线车载以太网(Ethernet)。

图 4-1-6 平视显示系统风窗玻璃投影控制单元外观图

图 4-1-7 T-BOX 通信模块外观图

三、智能座舱的发展历程

长期以来，汽车座舱都是以机械按钮为主，整体信息显示简单、功能比较分散。近年来，随着电子设备的快速发展，电子信息技术开始运用在车内，便产生了汽车智能座舱。汽车智能座舱的发展经历了整体"基础—细分产品—融合"方案的格局变化，如今的趋势是各产品的整合协同。

在 21 世纪之前，汽车座舱的设备仅仅只是机械式的仪表以及简单的播放器，转向盘和座椅功能都比较单一，整体舒适度一般，驾驶方面只能依靠驾驶人自身保障安全性，由于各方面功能较少，所以操作相对简单、直接，如图 4-1-8 所示。

图 4-1-8 1989 款尼桑日产 Skyline BNR32 GT-R

20 世纪末，博世和英特尔联合开发 CAN 总线系统，用于车内 ECU 的数据通信，汽车座舱内增加了嵌入式的电子设备，车载操作系统得以应用。在 21 世纪之初，电子设备广泛应用，汽车座舱逐步进入电子时代。汽车座舱的仪表开始使用液晶显示屏、中控设备接入了触摸屏、导航语音以及娱乐声音等多功能交互系统，丰富了驾驶空间的延展性；转向盘位置增加了多功能按键，方便操作；座椅的材质以及形式都较为丰富，例如碳纤维材质的座椅骨架以及手动或电动调整座椅档位的方式等。2012 年，特斯拉 Model S 搭载了嵌入式中控屏幕，基本取消物理按键，如图 4-1-9 所示。

图 4-1-9 特斯拉 Model S 汽车座舱

近年来，汽车座舱进入了智能时代，在智能时代下的汽车座舱可以称为汽车智能座舱。随着互联网和大数据等科学技术的发展，在汽车智能座舱软件技术方面，高级驾驶辅助系统利用车辆搭载的摄像头，配合雷达传感器等设备，通过计算机对人们驾驶的车辆进行必要的辅助，实现了在必要的危机时刻会帮助驾驶人执行决策，为驾驶人的安全性提供了保障，如图 4-1-10 所示。

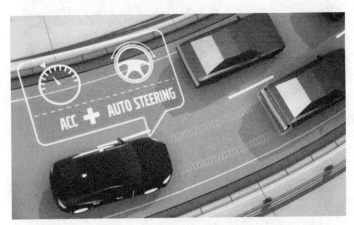

图 4-1-10　高级驾驶辅助系统

V2X 技术也属于自动驾驶的一个感知手段，以强大的后台数据分析、决策、调度服务系统为基础，发挥"智能决策""协同控制和执行"的功能，如图 4-1-11 所示。随着智能材料的出现，在汽车智能座舱硬件技术方面，一些智能材料逐渐应用在智能座舱内，比如高通透、低功耗、快速响应的智能玻璃，搭配车窗工业化方案具有隔声、隔热和防紫外线的效果，特别适用于乘用车天窗、侧窗场景中，能够很好地融合到智能座舱的应用场景中，在前窗和侧窗也具备夜视功能，在夜间驾驶中提高安全性，如图 4-1-12 所示；高性能运算芯片在车机上的应用，为车机成为完全独立的终端的运算能力提供了保障；车载机器人开始进入汽车，超越了原有的车载语音，它可以提供一个让人与之对话、与之双目交投的伙伴，如图 4-1-13 所示。

图 4-1-11　V2X 图解

总体上，智能时代下的汽车智能座舱呈现的状态是：信息娱乐功能的丰富性、交互方式多样性以及智能化程度较高的趋势。

图 4-1-12　智能玻璃

图 4-1-13　车载机器人

任务二　视觉摄像头的标定

【任务导入】

摄像头参数标定是自动驾驶感知系统中必要的环节，是后续传感器融合的必要步骤和先决条件，是感知决策的前提。那你知道摄像头的标定原理、摄像头的标定方法以及摄像头的标定流程吗？学习本任务，你将回答以上问题。

【知识准备】

一、摄像头标定原理

摄像头作为一种高端的数码产品已经深深地融入了人们的生活中，随着科技的不断发展，摄像头的成像技术也越来越成熟，很多时候，人们只能很表面地看到这台或者那台摄像头成像不清晰，像素高不高，其实这些参数在很大程度上取决于摄影的成像技术，而成像技术中有一项很专业的问题，就是摄像头的标定，标定就是通过摄像头在传感器上的成像来计算真实世界中各个物体的距离与参数。

车载摄像头以一定的角度和位置安装在车辆上，为了将车载摄像头采集到的环境数据与车辆行驶环境中的真实物体相对应，即找到车载摄像头所生成的图像像素坐标系中的点坐标与摄像机环境坐标系中的点坐标之间的转换关系，需要进行摄像头标定。

相机标定是实现图像内容逆变换到原始三维空间的关键一步，它可以通过一定的方式建立相机采集到的二维平面与真实三维空间坐标系的关系。在相机标定的实现过程中，需要得到相机传感器的内参与外参。

二、摄像机标定方法

摄像机成像是指空间中一点经摄像机拍摄呈现在图像平面上的过程。空间中的点经过摄像机的外参矩阵和内参矩阵的变换，一步步地从世界坐标系转换到图像坐标系中。摄像机标定就是求解摄像机的内参矩阵、外参矩阵以及畸变系数的过程。摄像机标定方法主要分为两大类，一类称为传统标定方法，也叫作强标定方法；另一类称为自标定方法，也叫作弱标定方法。传统标定方法主要包括透视变换法、非线性标定法、两步法以及张正友标定法。

在"张正友标定法"中，相机标定中一般定义四个坐标系，坐标系之间的关系如图4-2-1所示。

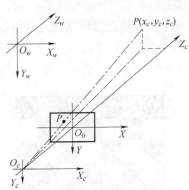

（1）图像坐标系（u，v） 图像坐标系以像素为单位。以图像左上方为原点，向右为 u 的正方形，向下为 v 的正方形，建立图像坐标系 O_{uv}。

（2）成像坐标系（X，Y） 成像坐标系以毫米为单位，表示像素在图像中的物理位置。X 轴和 Y 轴的正方向与坐标系 O_{uv} 的定义相同，成像坐标系的原点在相机光轴和图像平面的交点处，记为 O_{xy}。

图 4-2-1 坐标系之间的关系

（3）世界坐标系（X_w，Y_w，Z_w） 世界坐标系是自定义的真实世界的三维坐标系，用于描述物体相对空间关系和相对位置。在标定过程中，为了方便，世界坐标系往往以标定板平面为 XOY 平面，单位为 mm。

（4）相机坐标系（X_c，Y_c，Z_c） 以相机光心为原点 O_c，通过原点垂直于成像平面的光轴为 Z_c 轴，X_c 轴和 Y_c 轴与成像平面的坐标一致，建立相机坐标系，单位为 mm。

在线性针孔相机模型下，位于世界坐标系的点转换到图像坐标系下需要经过四个步骤，如图 4-2-2 所示。

三、摄像头标定流程

张正友在 1998 年提出了一种摄像机标定方法，它只需要摄像机在其视场内的不同位置拍摄几幅（至少两幅）标定板的二维图像，就可以很方便地求出所需的内外参。一般思

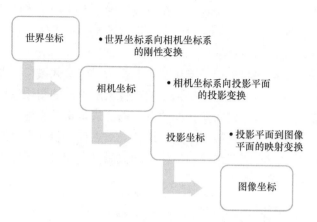

图 4-2-2　世界坐标系与图像坐标系转换的流程图

路是首先得到同一幅棋盘格图像在不同位姿的标定特征点世界坐标，用像素和分辨率已知的摄像机拍下这些位姿图像，最后选用或开发效率比较高的特征提取算法，获得与这些特征点世界坐标相对应的像素坐标。结合建好的摄像机成像几何模型，并借助特定算法求解线性和非线性方程组，最终获取摄像机内外参数的值。

棋盘坐标系主要用于相机的标定，如图 4-2-3 所示，在棋盘坐标系中，X_P 轴指向右边，Y_P 轴指向下方。棋盘坐标系原点是棋盘左上角，每个棋盘角代表坐标系中的另一点。例如，原点右侧的角为（1，0），原点下方的角为（0，1）。

棋盘格的尺寸（高度、宽度）用格数表示，如图 4-2-4 所示。

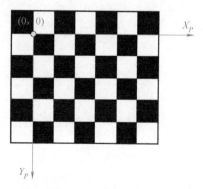

图 4-2-3　棋盘坐标系

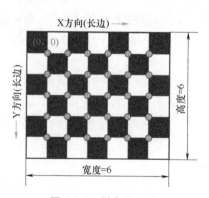

图 4-2-4　棋盘格尺寸

车辆坐标系如图 4-2-5 所示，X_v 轴从车辆向前指向，Y_v 轴指向左方。从正面看，原点位于道路表面，直接位于摄像头焦点下方。当放置棋盘格时，X_P 轴和 Y_P 轴必须与车辆的 X_v 轴和 Y_v 轴对齐。

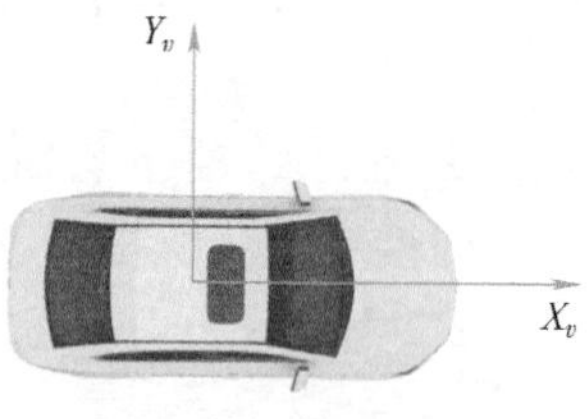

水平方向标定如图 4-2-6 所示。

垂直方向标定如图 4-2-7 所示。

其实，计算摄像头标定技术最基本的一个方法就是通过小

图 4-2-5　车辆坐标系

孔成像的原理。光通过一个很小的孔后，能够在另外一块板上投射出一个完整的物像，这就

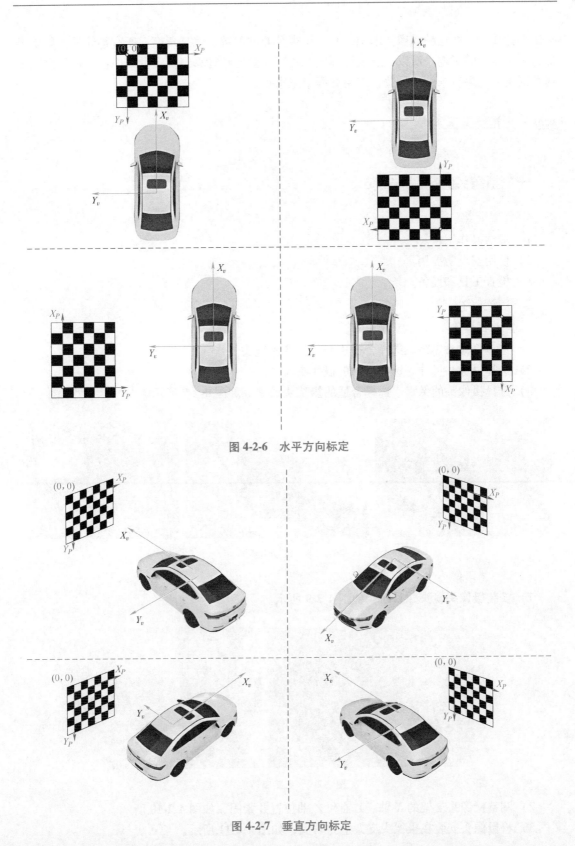

图 4-2-6 水平方向标定

图 4-2-7 垂直方向标定

叫作小孔成像，而这种成像技术中，有一个很重要的参数，就是角度，所有物体的投射都要受到这个角度的影响。所以，通过计算这个角度，就能够计算出真实世界中各个物体之间的真实距离，如果有未知的参数，就用方程组来求得。

 【技能训练】

一、摄像头的选型与安装

1. 作业准备

1）清洁操作工位。

2）使用安全防护用具。

3）检查工具和设备。

2. 摄像头的安装

（1）选择摄像头

1）选择摄像头焦距。选择合适焦距的摄像头镜头。

2）选择摄像头尺寸。选择合适的摄像头尺寸。

3）选择摄像头的像素。选择合适的摄像头像素，如图 4-2-8 所示。

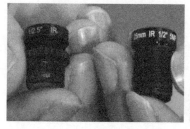

图 4-2-8　选择摄像头

（2）安装摄像头

1）安装摄像头镜头并紧固，如图 4-2-9 所示。

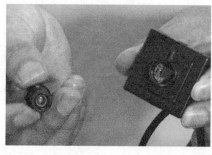

图 4-2-9　安装摄像头

2）调整摄像头支架的 X 轴、Y 轴和 Z 轴位置并紧固，如图 4-2-10 所示。

3）将摄像头安装在摄像头支架上并紧固，如图 4-2-11 所示。

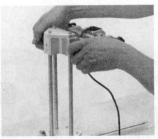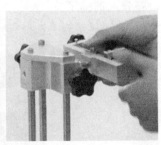

图 4-2-10　调整摄像头支架

图 4-2-11　摄像头安装在摄像头支架上并紧固

3. 摄像头的线束连接

将摄像头一端的插头插入台架上对应 USB 口内，如图 4-2-12 所示。

图 4-2-12　连接摄像头的线束

4. 整理工位

1）工具整理复位。

2）清洁整理工位。

二、摄像头的标定

1. 作业准备

1）清洁操作工位。

2）检查工具和设备。

3）打开视觉台架主机，打开机器视觉系统平台。

2. 摄像头的标定

1）在识别显示器上选择标定板，如图 4-2-13 所示。

图 4-2-13　选择标定板

2）标定板的参数设置

① 输入内角点，打开摄像头标定系统，输入标定板的内角点，标识板内角点 8×6，如图 4-2-14 所示。

图 4-2-14　标定摄像头

② 输入像素值，输入摄像头像素值（默认为 720×480），显示标定数据信息，如图 4-2-15 所示。

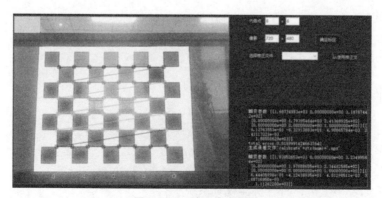

图 4-2-15　输入像素值

③ 选择修正文件，以减小标定误差，如图 4-2-16 所示。

图 4-2-16　选择修正文件

3）摄像头的标定完成。

3. 整理工位

1）关闭机器视觉系统平台。

2）关闭视觉台架主机开关。

3）清洁整理工位。

任务三　机器视觉的图像处理

【任务导入】

计算机视觉技术是计算机模拟人类的视觉过程，具有感受环境的能力和人类视觉功能的技术，是图像处理、人工智能和模式识别等技术的综合。计算机视觉技术从客观事物的图像中提取信息，进行处理并加以理解，最终用于实际检测、测量和控制。机器视觉技术最大的特点是速度快、信息量大、功能多。那你知道机器视觉的基本原理吗？机器视觉的图像分析方法有哪些？学习本任务，你将回答以上问题。

【知识准备】

一、机器视觉的研究内容

机器视觉是利用计算机模拟人眼的视觉功能，从图像或图像序列中提取信息，对客观世界的三维景物和物体进行形态和运动识别。机器视觉研究的目的之一是寻找人类的视觉规律，从而开发出从图像输入到自然景物分析的图像理解系统。机器视觉可以代替人类的视觉从事检验、目标跟踪和机器人导向等方面的工作，特别是在那些需要重复、迅速地从图像中获取精确信息的场合。

智能网联汽车中使用的图像处理方法主要来源于机器视觉中的图像处理技术。机器视觉系统中，视觉信息的处理技术主要依赖于图像处理方法，如图 4-3-1 所示。经过这些处理操作后，输出图像的质量得到相当程度的改善，既改善了图像的视觉效果，又便于计算机对图像进行分析、处理和识别。机器视觉算法的基本步骤包含图像数据的解码、图像特征的提取、识别图像中的目标。图像处理算法包括传统的机器视觉，以及基于人工神经网络的深度学习等技术。

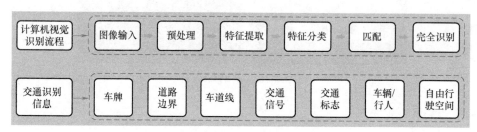

图 4-3-1　机器视觉识别一般流程图

二、基于深度学习的图像识别技术

深度学习的概念于 2006 年被正式提出，作为机器学习研究领域的一个重要分支，是目前人工智能领域的研究热点之一。随着深度学习研究的不断深入，其在各类研究领域中的应用也日益增加，比如卷积神经网络被应用于图像识别领域，循环神经网络被应用于语音识别领域等。在智能驾驶领域中，以往基于图像的车辆检测使用传统机器学习方法居多，这些检测方法在实际应用中效果不够理想，近些年来，深度学习被越来越多地用于车辆检测，取得了十分优秀的检测效果。

深度学习是机器学习的一个类型，该类型的模型直接从图像、文字或声音中学习执行分类任务，通常使用神经网络架构实现深度学习。"深度"一词是指网络中的层数，层数越多，网络越深。传统的神经网络只包含两层或三层，而深度网络可能有几百层。

深度神经网络结合多个非线性处理层，并行使用简单元素操作，受到了生物神经系统的启发，它由一个输入层、多个中间层和一个输出层组成。各层通过节点或神经元相互连接，每个中间层使用前一层的输出作为其输入，如图 4-3-2 所示。

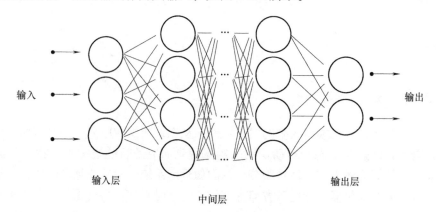

图 4-3-2　深度神经网络

自动驾驶汽车要想做出正确的决策，前提就必须要做到完全的感知，目前的自动驾驶技术，识别车前到底是一个行人还是一辆车已经不是什么难题，但是如果要判断这是一辆轿车还是一辆 SUV，行人是一个成人还是一个小孩可能并不是那么容易。要想做到更高等级的识别，就必须借助深度学习技术。

　　图像识别是深度学习最为擅长的，只需对系统进行训练，系统便可以实现正确的识别结果，但是在训练的时候需要一个由几万张以上图片组成的训练集，这个训练集包含的图片数量越多，最终结果识别的准确率便会越高。通过深度学习，自动驾驶系统不仅能做到基本的路径识别、行人识别、道路标识识别、信号灯识别、障碍物以及环境识别，还可以实现一些高难度的识别。

　　例如，使用常规的图像识别方法，如果道路边缘的道牙没有特定的颜色，系统就无法很好地判断出道路的边界，自动驾驶汽车就很有可能会撞击道路边缘。而当使用了深度学习技术后，图像识别系统就可以很好地区分哪里是道路，哪里是道路边缘的道牙，如图 4-3-3 所示。还有一种极端的情况是如何实现在没有车道线的地方自动驾驶，这时可以用人在没有车道线的路况下开车的数据来训练神经网络，训练好之后，神经网络在没有车道线的时候也能判断出车可以怎么开。

图 4-3-3　借助深度学习识别道路边缘

　　MATLAB 利用深度学习建立了车辆检测和行人检测函数，利用这些函数可以非常容易识别车辆和行人，如图 4-3-4 和图 4-3-5 所示。

a) 原始图像　　　　　　　　　　　　b) 检测结果

图 4-3-4　基于深度学习的车辆检测

a) 原始图像　　　　　　　　　　　　b) 检测结果

图 4-3-5　基于深度学习的行人检测

三、机器视觉的基本原理

一个完整的机器视觉流程包括图像采集、图像处理和图像分析三部分。

1. 图像采集

视觉系统工作的一般原理为通过摄像头实时采集图像信息，将此景物反射的光强信号转化为模拟电压信号输送到图像采集卡。图像采集卡中的模-数转换器通过采样和量化将模拟图像进一步转化为计算机可以接收和理解的二进制表示的数字图像。数字图像经 PC 机处理后得到周围环境信息，PC 机根据所感知的环境信息通过 I/O 接口单元对控制单元发出控制指令，经控制模块通过调节执行单元和动力驱动单元完成相应的行走及任务控制。

2. 图像处理

狭义的图像处理是指利用计算机强大的计算能力，对采集到的海量数字信号进行转换和压缩等操作。传统的预处理包括滤去噪声、均衡直方图和矫正畸变等。广义的图像处理甚至包括了图像分析的过程，涵盖了识别、增强、对比、依托人工智能进行"理解"等。

3. 图像分析

图像分析是当今机器视觉研究的热点领域，涌现了众多算法和框架。这也是一个跨越多学科的课题，图像分析方法的进步同样也帮助人们理解人类视觉的原理。其中，人工智能可视化、三维重建、虚拟现实是图像分析的几个研究的重点。随着智能化和信息化时代的到来，人工智能和大数据的运用势必成为图像分析研究的主要方向。

四、两种典型的图像分析法

1. 间接感知型

基于间接感知型的自动驾驶技术是通过多个子系统的合作间接达到图像分析目的的方法。其中，主要包括目标检测、目标跟踪、语义分割等子系统。每个子系统都不断有新的发展、新的理论补充，这形成了间接感知技术包容并蓄、集百家之长的特点。但同时，庞杂的子系统又使间接感知技术冗杂繁复，无形中提高了应用的成本。

（1）**目标检测** 目标检测的可靠性对自动驾驶至关重要。自动驾驶车辆在交通环境中与其他交通工具和行人共享道路资源，尤其在城市交通中，交通工具种类繁多，行人、宠物等目标也经常出现。自动驾驶车辆需要检测这些目标的位置并进行分类，根据目标的种类采取相应措施。在交通环境中，由于目标的种类繁多，且目标之间易发生混淆和遮挡，因此检测难度较大。要准确地检测出目标不仅要靠单一的光学传感器，同时还要结合红外传感器、激光雷达等采集的信息综合分析，进行优势互补，提高目标检测的准确性，图 4-3-6 所示为车道线检测。

目标检测方法一般包括图像预处理、兴

图 4-3-6 车道线检测

趣区域提取、候选区域分类和微调边框等。图像预处理方法一般包括图像滤波、去噪、直方图均衡化、白化等，还可能要根据相机模型进行畸变矫正和重投影。具体采用的图像预处理方法与应用密切相关，预处理对整个目标检测有重要作用。

目前，普遍的目标检测方法的主要思路是通过优化过的穷举法分割图像，再将分割的区域与数据库中的已知数据对比，最后确定目标。为了提高检测的精准度和正确率，人们已经将神经网络和深度学习的技术融入其中。

（2）**目标跟踪**　自动驾驶中目标跟踪的目的是实时掌握交通环境中车辆、行人等目标的位置、速度和加速度等信息，并预测目标未来可能的位置，预测可能发生的碰撞，这些信息对于自动驾驶汽车至关重要，如图 4-3-7 所示。例如，自动驾驶汽车需要根据自身和其他目标的速度、距离等信息判定何时采取制动动作，如果对方高速行驶，则应提前采取制动动作。目标跟踪面临着诸多挑战。例如，目标被其他目标遮挡，多个目标聚集在一起难以分辨，行人目标的形态多样，光照对视觉传感器的成像产生影响等，都会对目标跟踪造成困难。传统的目标跟踪方法主要分为基于实时检测、基于模板匹配和基于贝叶斯滤波三类。

图 4-3-7　目标跟踪

（3）**语义分割**　语义分割是指图像处理算法试图从语义上理解图像中每个像素的角色，该物体是汽车还是其他分类的物体，除了识别人、路、车、树等，还必须确定每个物体的边缘，需要使用语义分割模型来对物体做出像素级的分割，并通过语义形式提供物体的特征和位置等信息，如图 4-3-8 所示。

图 4-3-8　语义分割场景

场景语义分割是自动驾驶技术的一个重要分支，其目的是将一幅场景图像中的每个像素点都归属到某个类别中，典型的分割结果如图 4-3-9 所示。交通场景中一般将图像分割成车、行人、道路等，为自动驾驶车辆理解环境提供了重要参考。

语义分割的原理：原始图像经过深度学习网络进行逐层特征提取、像素级分割、特征识别、语义标注等过程，实现对图像中各类目标的识别、分类、语义信息标注，为智能网联汽车更丰富功能的实现，提供更多、更全面的环境信息。

图 4-3-9　典型的场景语义分割结果

2. 直接感知型

直接感知是指不通过分析图像中的目标信息而通过直接学习图像代表的车辆状态信息从而指导驾驶的感知模式。自动驾驶系统利用卷积神经网络，学习汽车的第一视角图像所表示的各种道路参数，在研究人员的监督下不断提高驾驶技术、丰富知识储备。直接感知型的图像分析法省却了各种子系统的集成和整合，复杂性降低，在高速公路等标志明显的路况条件下表现良好。但是，当此系统在日常道路没有明显特点的路况下运作时表现却不理想。

五、机器视觉技术的应用前景

机器视觉是用机器代替人眼来做测量和判断，国内机器视觉的发展和应用主要在工业检测和自动驾驶两个领域。在车辆的自动智能驾驶方面，机器视觉具有广泛的应用开发空间，是自动辅助驾驶技术能够实现的必不可少的部分。

近年来，随着图像处理算法逐渐趋于成熟，硬件运算性能的不断提升，机器视觉开始被广泛用于各种领域，比如人脸识别、机器人导航等。同时，在智能汽车研究中，机器视觉技术在智能车辆领域的应用主要集中于物体的识别和物体的跟踪等场景，具体的任务有车道线检测、车前行人检测以及其他车前物体检测、交通灯以及其他交通标志的检测等方面。通过在智能汽车上增加机器视觉识别系统，实现对智能车辆前方不间断的道路状况实时检测，对突然出现的如行人、汽车、动物等进行实时检测，从而辅助智能车辆紧急制动或避障，从而有效提高汽车驾驶的安全性及智能性，将意外事故大幅降低，图 4-3-10 所示为基于机器视觉的车辆检测效果。

图 4-3-10　基于机器视觉的车辆检测效果

【技能训练】

车道线的识别

1. 作业准备

1）清洁操作工位。

2）检查工具和设备。

3）打开视觉台架主机，打开车道线识别系统平台。

2. 车道线识别

1）在识别显示器上选择车道线，如图 4-3-11 所示。

图 4-3-11　在识别显示器上选择车道线

2）标定车道线。

① 输入内角点 RGB，输入 RGB 色值调整为 255、255、255，如图 4-3-12 所示。

② 输入 ROI 检测范围。输入车道线检测范围坐标值，显示车道线数据信息，如图 4-3-13 所示。

图 4-3-12　输入内角点 RGB

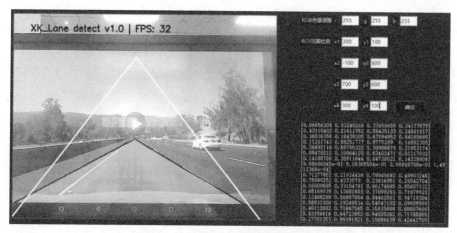

图 4-3-13　输入车道线检测范围坐标值

③ 验证车道线识别，打开车道线视频，摄像头能够识别动态车道信息，如图 4-3-14 所示。

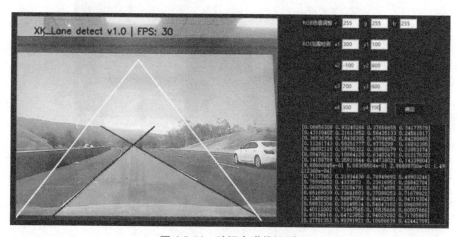

图 4-3-14　验证车道线识别

3）车道线识别完毕。

3. 整理工位

1）关闭机器车道线识别系统平台。

2）关闭视觉台架主机开关。

3）清洁整理工位。

任务四　目标识别技术的应用

【任务导入】

随着机器视觉技术的快速发展，很多需要人工来手动操作的工作，渐渐地被机器所替代。随着深度学习的发展，很多肉眼很难去直接量化的特征，深度学习可以自动学习这些特征，很多特征通过传统算法无法量化，或者说很难做到的，深度学习可以，特别是在图像分类、目标识别这些问题上有显著的提升。那你知道行人识别技术、车辆识别技术和车道线识别技术是什么吗？学习本任务，你将回答以上问题。

【知识准备】

一、行人识别技术

行人识别技术是智能网联汽车先进驾驶辅助系统的重要组成部分。行人是道路交通的主体和主要参与者，由于其行为具有非常大的随意性，再加上驾驶人在车内视野变窄以及长时间驾驶导致的视觉疲劳，使行人在交通事故中很容易受到伤害。行人识别技术能够及时、准确地检测出车辆前方的行人，并根据不同危险级别提供不同的预警提示（如距离车辆越近的行人危险级别越高，提示音也应越急促），以保证驾驶人具有足够的反应时间，能够极大地降低甚至避免撞人事故的发生。

1. 行人检测类型

行人检测技术是利用安装在车辆前方的视觉传感器（摄像头）采集前方场景的图像信息，通过一系列复杂的算法分析处理这些图像信息，实现对行人的检测。根据所采用摄像头的不同，又可以将基于视觉的行人检测方法分为可见光行人的检测和红外行人检测。

（1）可见光行人检测　可见光行人检测采用的视觉传感器为普通光学摄像头，由于普通摄像头基于可见光进行成像，非常符合人的正常视觉习惯，并且硬件成本非常低廉，但是受到光照条件的限制，该方法只能应用在白天，在光照条件很差的阴雨天或夜间则无法使用，如图4-4-1所示。

（2）红外行人检测　红外行人检测采用红外热成像摄像头，利用物体发出的热红外线进行成像，不依赖于光照，具有很好的夜视功能，在白天和晚上都能使用。尤其在夜间以及光线较差的阴雨天具有无可替代的优势，如图 4-4-2 所示。红外行人检测相比可见光行人检测的主要优势包括：红外摄像头靠感知物体发出的红外线（与温度成正比）进行成像，与可见光光照条件无关，对于夜间场景中的发热物体检测有明显优势；行人属于恒温动物，温度一般会高于周围背景很多，在红外图像中表现为行人相对于背景明亮突出；由于红外成像不依赖于光照条件，对光照明暗、物体颜色变化以及纹理和阴影干扰不敏感。随着红外成像技术的不断发展，红外摄像头的硬件成本也在慢慢降低，由原来的军事应用慢慢开始转向民事应用。

图 4-4-1　可见光行人检测

图 4-4-2　红外行人检测

2. 行人识别特征

行人识别特征就是利用数学方法和图像技术从原始的灰度图像或者彩色图像提取表征人体信息的特征，它伴随着分类、训练和识别的全过程，直接关系到行人识别系统的性能，因此行人识别特征提取是行人识别的关键技术。如图 4-4-3 所示，在实际环境中，由于行人自身的姿态不同、服饰各异和背景复杂等因素的影响，使行人特征提取比较困难，因此选取的行人特征要求鲁棒性比较好。目前，行人识别主要有 HOG 特征、Hear 特征、Edgelet 特征和颜色特征等。

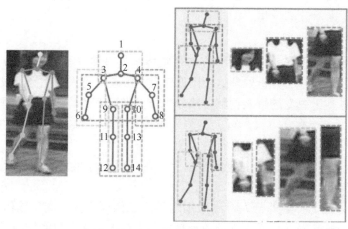

图 4-4-3　行人识别特征

二、车辆识别技术

识别算法用于确定图像序列中是否存在车辆，并获得其基本信息，如大小和位置等。摄像头跟随车辆在道路上运动时，所获得道路图像中车辆的大小、位置和亮度等是在不断变化的。根据车辆识别的初始结果，对车辆大小、位置和亮度的变化进行跟踪。由于车辆识别时需要对所有图像进行搜索，所以算法的耗时较大。而跟踪算法可以在一定的时间和空间条件约束下进行目标搜索，还可以借助一些先验知识，因此计算量较小，一般可以满足预警系统的实时性要求。

目前，多传感器融合技术是未来车辆识别技术的主要发展方向。在车辆识别中主要有两种融合技术，即视觉传感器和激光雷达的融合技术，以及视觉传感器和毫米波雷达的融合技术。如图 4-4-4 所示，利用 MATLAB 的 RCNN 车辆检测器检测图成像中的车辆。

a) 原始图像1　　　　　　　　　　　b) 原始图像2

图 4-4-4　RCNN 车辆检测的原始图像

分别读取图 4-4-4 中的图像，得到车辆检测结果如图 4-4-5 所示。

a) 图像1检测结果　　　　　　　　　b) 图像2检测结果

图 4-4-5　车辆检测结果

三、车道线识别技术

道路识别就是把真实的道路通过激光雷达转换成汽车认识的道路，供自动驾驶汽车行驶；或通过视觉传感器识别出车道线，提供车辆在当前车道中的位置，帮助智能网联汽车提高行驶的安全性，如图 4-4-6 所示。

图 4-4-6　车道线识别

根据所用传感器的不同，道路识别分为基于视觉传感器的道路识别和基于雷达的道路识别。

（1）基于视觉传感器的道路识别　基于视觉传感器的道路识别就是通过视觉传感器采集道路图像，并通过算法处理道路图像，识别出车道线，如图 4-4-7 所示。

图 4-4-7　基于视觉传感器的道路识别

（2）基于雷达的道路识别　基于雷达的道路识别就是通过雷达采集道路信息，并通过算法处理信息，识别出车道线，如图 4-4-8 所示。

图 4-4-8　基于雷达的道路识别

【技能训练】

车辆的识别

1. 作业准备

1）清洁操作工位。

2）检查工具和设备。

3）打开视觉台架主机，打开机器视觉系统平台。

2. 数据标注

1）打开数据标注界面，选择目标标注类别，在目标标注列表中选择车辆为标注目标，如图 4-4-9 所示。

图 4-4-9　打开数据标注界面

2）选择目标车辆图片，在界面中打开车辆侧面图片，如图 4-4-10 所示。

图 4-4-10　选择目标车辆图片

3）创建车辆侧面信息，选择 create 选项，并选择车辆识别范围，自动获取信息后保存，如图 4-4-11 所示。

4）再次录入车辆车头信息，打开有车辆头部的车辆图片信息进行自动识别后保存，如图 4-4-12 所示。

图 4-4-11　创建车辆侧面信息

图 4-4-12　再次录入车辆车头信息

5）查看车辆标注信息，打开车辆标注存储文件，用记事本打开，查看车辆信息，如图 4-4-13 所示。

图 4-4-13　查看车辆标注信息

6）标注完成。

3. 模型训练

1）选择模型训练界面。

2）数据转换，选择目标标注类别，在目标标注列表中选择车辆为标注目标，并单击"数据转换"按钮，如图4-4-14所示。

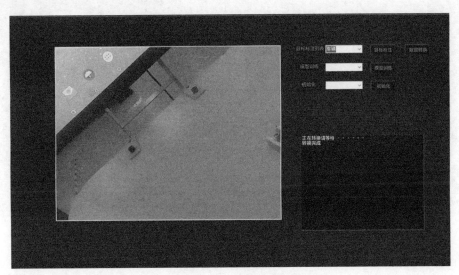

图 4-4-14　数据转换

3）存储转换数据，右击机器视觉图标，选择文件所在位置，选择classes，在文件夹里存储cars并单击"保存"，如图4-4-15所示。

图 4-4-15　存储转换数据

4）模型训练，选择模型训练类别，模型列表选择车辆，单击"模型训练"，待右下角训练完成后，模型训练成功，如图 4-4-16 所示。

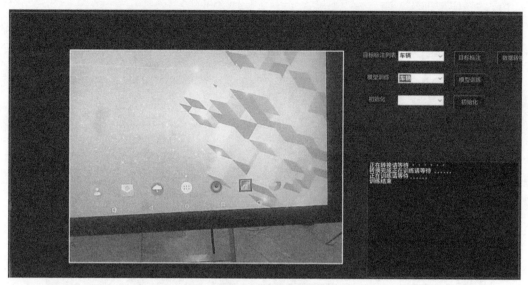

图 4-4-16　模型训练

4. 目标识别

1）选择目标图片，在识别显示器上选择车辆图片。

2）目标检测，选择车辆识别，在识别框内有 car 标识，如图 4-4-17 所示。

图 4-4-17　目标检测

3）目标识别完成。

5. 整理工位

1）关闭机器视觉系统平台。

2）关闭视觉台架主机开关。

3）清洁整理工位。

【延伸阅读】

　　近 10 年来，机器人领域的技术得到了飞速发展，被广泛应用于各种制造、维护、修理、清理、清洗、保安、监护、运输、导引和采摘等工作领域。其中，机器视觉是智能车发展的重要方向，是提高机器人智能化水平的关键因素之一，有助于实现机器人工作的自动化。

　　人类和动物获取外界信息的最主要来源是眼睛。人们通过眼睛可得到被观测物体的大小、形状、颜色和位置等各种参数，以便大脑进行下一步判断。智能汽车之所以能够根据实际工作环境，自行判断所要执行的功能并对外界做出反应性动作，最重要的因素之一是感知环境。机器人感知环境通常依赖于各种接触型以及非接触型传感器，机器视觉就是基于仿生的角度发展而来的，比如模拟眼睛是通过视觉传感器进行图像采集，并在获取之后由图像处理系统进行图像处理和识别。此外，具有机器视觉的机器人能够及时感知外部环境的变化，并且方便智能机器人的控制系统做出相应调整，提高机器人的灵活性和对外部环境变化的适应力。

　　根据测量设备的不同，机器视觉可分为以下三种：

　　1）单目视觉技术，即安装单个摄像机进行图像采集，一般只能获取到二维图像。单目视觉一直发展应用至今，广泛应用于智能机器人领域。然而，由于该技术受限于较低图像精度以及数据稳定性的问题，因此需要和超声、红外等其他类型传感器共同工作。为了克服这些问题，人们在 20 世纪 80 年代研发出双目视觉技术。

　　2）双目视觉技术，是一种模拟人类双眼处理环境信息的方式，通过两个摄像机从外界采集一副或者多幅不同视角的图像，从而建立被测物体的三维坐标。20 世纪 80 年代，双目视觉技术已应用于移动机器人导航，此外，双目视觉技术作为机器视觉研究的重点和方向，被广泛应用于生产制造以及各领域中。不可否认的是，双目视觉技术还存在可视场景限制等问题。基于此，多目视觉技术应运而生。

　　3）多目视觉技术，是指采用了多个摄像机以减少盲区，降低错误检测的概率。该技术主要用于物体的运动测量工作。在机械臂手眼协调方面，多目视觉技术能够克服物体捕捉的盲区，使机械臂进行抓取更加有效。在工业机器人进行装配领域，多目视觉也能够精确识别和定位被测物体，进而提高装配机器人的智能程度和定位精度。此外，多目视觉技术还可以采用模仿生物的视觉系统构造获得更加清晰的图像和较高的处理能力，并改善对物体的定位，比如仿蜥蜴仿蜘蛛等。

【学习小结】

　　通过本项目的学习，掌握基于深度学习的图像识别技术，机器视觉技术基本原理、图像分析方法和机器视觉技术在智能汽车上的应用，摄像头的行人识别技术、车辆识别技术和车道线识别技术，摄像头标定原理、摄像头标定方法和摄像头标定流程；掌握摄像头的选型与安装、内参标定、车道线检测和目标识别等技能，为智能网联汽车机器视觉系统技术的学习打下坚实的基础。

【课后习题】

一、单项选择题

1. 智能座舱系统的组成不包括（　　）。

A. 智能组合仪表 　　　　　　　　　　B. 智能中控显示系统

C. T-BOX 通信模块 　　　　　　　　　D. 高精度地图

2. 智能车辆是一个集（　　）、规划决策、多等级辅助驾驶等功能于一体的综合系统，它集中运用了计算机、现代传感、信息融合、通信、人工智能及自动控制等技术，是典型的高新技术综合体。

A. 环境感知 　　　　B. 视觉感知 　　　　C. 听觉感知 　　　　D. 情感感知

3. 智能汽车常用的环境感知传感器有（　　）、激光雷达、毫米波雷达、超声波雷达和红外线传感器等。

A. 视觉传感器 　　　B. 化学传感器 　　　C. 听觉传感器 　　　D. 气敏传感器

4. 一个完整的车辆识别系统应包括（　　）、图像采集、车牌识别等几部分。

A. 车辆检测 　　　　B. 环境检测 　　　　C. 灯光检测 　　　　D. 障碍物检测

5. 机器视觉识别系统是指智能车辆利用 CCD 等成像元件从不同角度全方位拍摄车外环境，根据收集到的视觉信息，识别近距离内的（　　）等。

A. 车辆、行人、交通标志 　　　　　　B. 车辆、行人、障碍物

C. 障碍物、行人、交通标志 　　　　　D. 车辆、障碍物、交通标志

6. 下列不属于汽车智能座舱的应用是（　　）。

A. 高级驾驶辅助系统 　　　　　　　　B. 智能玻璃

C. 路径规划 　　　　　　　　　　　　D. 平视显示系统

7. 以下不属于道路检测的任务是（　　）。

A. 提取车道的几何结构 　　　　　　　B. 确定车辆在车道中的位置、方向

C. 提取车辆可行驶的区域 　　　　　　D. 提取车道的周边环境

8. 限速识别系统进行交通信号识别，会在车辆内的显示屏上显示标识。目前，有两种用于识别限速的系统，一种是通过导航仪接收数字无线广播信息的系统；另一种是（　　）本身发射无线信号的系统。

A 限速标识 　　　　B. 车辆 　　　　　　C. 车辆标识 　　　　D. 驾驶人

9. 以下不属于智能网联汽车行驶路径识别对象的是（　　）。

A. 道路交通标线 　　　B. 行车道边缘线 　　　C. 人行横道线 　　　D. 交通信号灯

10. 阴天环境下，通过环境感知获得的道路图像信息（　　）。

A. 偏暗 　　　　　　B. 偏亮 　　　　　　C. 不变 　　　　　　D. 以上均不对

二、判断题

1. 摄像头的选型主要考虑像素、尺寸和焦距。（　　）

2. 图像处理是指利用计算机强大的计算能力，对采集到的海量数字信号进行转换和压缩等操作。（　　）

3. 摄像头的标定，实际通过一定的方式建立相机采集到的二维平面与真实三维空间坐标系的关系。（　　）

4. 广义的智能座舱是指所有与驾乘人员相关，能结合云端大数据和车辆自身数据，与驾乘人员智能交互的载体，如各类显示屏、座椅、氛围灯、IVI 等。（　　）

5. 机器视觉技术在智能车上主要应用在车道线检测、车前行人检测以及其他车前物体检测、交通灯等场景。（　　）

三、填空题

1. 智能座舱系统的组成主要包括_____、_____、_____和_____四部分。

2. 一个完整的机械视觉流程包括_____、_____和_____三部分。

3. 选用_____对摄像头进行标定。

4. 在对摄像头标定的操作中，输入内角点 RGB 色值为_____、_____和_____。

5. 目标识别技术的应用有_____、_____和_____。

项目五

整车综合道路测试

【案例导入】

自动驾驶是汽车产业与人工智能、物联网、高性能计算等新一代信息技术深度融合的产物，是当前全球汽车与交通出行领域智能化和网联化发展的主要方向，已成为各国争抢的战略制高点。自动驾驶在大规模商用化之前，需要在可控的真实环境中进行大量的试验，以保障公共出行安全。

自动驾驶测试方法有哪些？自动驾驶测试场景有哪些？自动驾驶路径规划的分类和测试方法有哪些？高精度地图的采集方式和应用有哪些？如何进行自动驾驶综合道路测试？学习本项目，读者便可以得到答案。

【项目目标】

知识与技能	过程与方法	情感态度与价值观
1）了解自动驾驶的三种测试方法，即虚拟仿真测试、实车道路测试和车辆在环测试 2）了解自动驾驶场景测试中场景的定义、场景的要素组成和场景的分级方法 3）了解全局路径规划和局部路径规划的定义和特点 4）了解高精度地图的定义、采集和应用 5）掌握智能网联汽车自动紧急制动的测试流程 6）掌握 GPS 定位车道线地图录制与自动驾驶 7）掌握智能网联汽车综合道路功能的仿真测试	1）采用一体化分小步教学方法，边讲边练边评，提高学生操作技能 2）通过电子教案辅助学习，培养学生自主学习和探究学习能力 3）任务驱动教学法：通过布置任务，学生集体讨论，小组互助竞赛机制，激发学生的学习兴趣	1）通过知识的学习，培养学生乐观的生活态度、求真的科学态度、宽容的人生态度 2）通过图片、视频及案例引导学生积极思维，激发学生学习兴趣和求知欲望 3）通过对实训步骤进行分析，提高学生分析和知识迁移的能力 4）通过实践训练，培养学生实事求是、自强不息、爱岗敬业、团队合作的精神

任务一　自动驾驶的测试方法

【任务导入】

　　自动驾驶汽车从实验室走向量产，需要大量的测试来证明其各项功能和性能的稳定性、鲁棒性和可靠性，各国研究人员均在探索可行的自动驾驶汽车测试方法。不同于传统汽车人、车、环境相互独立的系统，自动驾驶汽车的测试评价对象变为人—车—环境—驾驶任务强耦合系统，因此仅针对车辆动态操控、被动安全和零部件系统的传统测试与评价体系无法满足其测试需求。面向 L3 及以上等级的自动驾驶汽车，多变的天气、复杂的交通环境、多样的驾驶任务和动态的行驶状态进一步增加了测试工况的复杂性和不确定性，对自动驾驶汽车测试与评价提出了新的挑战。那你知道自动驾驶的测试方法有哪些吗？学习本任务，你将回答以上问题。

【知识准备】

　　如图 5-1-1 所示，自动驾驶系统强调开发与验证的同步进行，在模型开发、代码开发、硬件开发等正向研发阶段便开始采取对应的测试方法进行系统阶段性的功能验证，保证系统在足够安全的前提下尽可能地缩短研发周期，加快产品迭代速度。测试方法归纳为虚拟仿真测试、实车道路测试以及车辆在环测试三个类别，本任务介绍这三类测试方法的研究现状及优缺点。

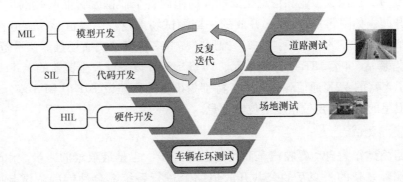

图 5-1-1　自动驾驶系统开发与测试流程

一、虚拟仿真测试

　　虚拟仿真测试是一种利用仿真软件对传感器、控制器、车辆、交通环境等要素进行部分或者全部模拟的测试方法，主要包括模型在环测试（Model-in-Loop，MIL）、软件在环测试（Software-in-Loop，SIL）、硬件在环测试（Hardware-in-Loop，HIL）。

在系统开发过程的开始阶段，将开发的算法模型与车辆动力学、传感器、执行器和交通环境模型集成在一个仿真回路中，用于验证算法模型的准确性和可接受性的测试方法称为模型在环测试。将算法模型自动生成源代码，验证代码与算法模型的一致性称为软件在环测试。模型在环测试与软件在环测试中传感器、车辆、控制器与行驶环境均通过软件建立模型来模拟，没有真实硬件的参与。随着系统研发的推进，用真实组件替换软件在环、模型在环测试中的部分原始模型来建立更真实的测试环境，这就是硬件在环测试。硬件在环测试的虚拟模型部分运行在实时机中，并通过I/O接口与真实的硬件进行数据交互，从而模拟真实硬件实际的运行状态，降低测试系统的虚拟化程度。理论上大部分硬件均可开展硬件在环测试，如使用摄像头、毫米波雷达、超声波雷达代替传感器模型，进行自动驾驶汽车的环境感知系统性能验证；使用车辆ECU代替决策规划算法模型开展控制器硬件在环测试；使用真实底层控制执行器对控制算法进行功能验证等。但部分硬件如激光雷达、红外摄像头的在环测试技术手段相对复杂且成本很高。

二、实车道路测试

当原型车制作完成后，测试的重点由系统组件的功能转为整车集成系统的表现，可以相继开展受控场地测试与开放道路测试。

1. 受控场地测试

受控场地测试提供了最接近真实道路的交通与通信环境，采用柔性化设计，保证自动驾驶汽车能够在有限的场地条件下，尽可能多地经历不同的场景，通过专业的测试设备和定量化的评估手段可以完成无安全风险条件下的自动驾驶汽车基本功能和性能的测试。受控场地测试是开放道路测试的前提条件，可以降低自动驾驶汽车在开放道路测试中的风险，为此世界各国均在积极推进受控场地的建设。

近几年，在国家政策的推动下，我国不少地区陆续建成智能网联汽车示范区并投入运营。2016年6月，由国家工业和信息化部批准的国内首个"国家智能网联汽车（上海）试点示范区"开园。如图5-1-2所示，开放的一期测试场地覆盖了隧道、林荫道、加油/充电站、地下停车场、十字路口、丁字路口、圆形环岛等多种模拟交通场景。该示范区设立有2座LTE-V通信基站、4套LTE-V路侧单元、16套DSRC设备以及全覆盖的WiFi网络，为测试车辆创建了丰富的V2X通信测试环境。特别指出，园区建设了1个GPS差分基站，可提供基于北斗卫星的厘米级定位精度的位置信息。

2. 开放道路测试

开放道路测试作为自动驾驶汽车商用的最后一步，也是最艰难的一步。由驾驶人驾驶被测车辆在实际复杂的、交互的公共开放道路上进行系统综合性能的测试与验收。这一阶段凭借足够数量的里程可以真实、全面地评估整车级系统应对现实世界交通情况的能力以及人机交互的性能，由于行驶过程受到众多因素的干扰，极大地考验了自动驾驶汽车的驾驶能力。

随着自动驾驶技术的发展，各国陆续颁布关于自动驾驶汽车开放道路测试的新政策并制定法规。目前，美国、英国、法国、德国等国家已经允许自动驾驶汽车在开放道路上进行实车测试。2017年12月，北京市交通委员会、公安交通管理局、经济和信息化委员会联合发

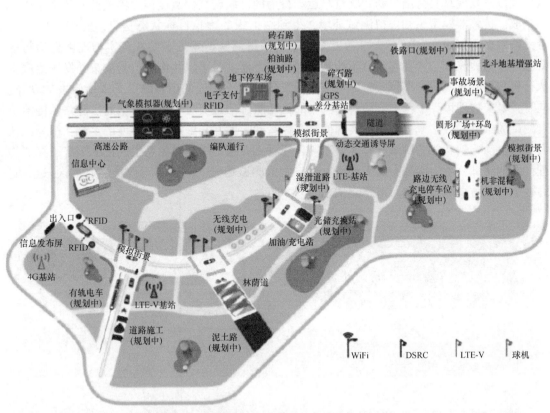

图 5-1-2 国家智能网联汽车（上海）试点示范区

布了国内首个关于自动驾驶汽车道路测试的文件《北京市关于加快推进自动驾驶车辆道路测试有关工作的指导意见（试行）》，提出了对测试车辆的要求并说明了测试流程，对于中国自动驾驶汽车产业来说具有里程碑的意义。目前，北京市已累计在海淀区、顺义区、北京经济技术开发区和房山区开放 151 条，总计达 503.68km 的测试道路，在其上开展测试的自动驾驶车辆总里程突破 104 万 km，处于全国领先地位。2018 年 3 月，上海市正式发布了《智能网联汽车道路测试管理办法（试行）》，积极推动了自动驾驶汽车产业从研发测试向示范应用和商业化的转变。随着上海第三阶段开放道路正式投入运行，嘉定地区开放的测试道路总里程从原有的 11.1km 增至 53.6km，覆盖面积达 65km^2。我国已有 30 多个省市地区（如广州、长沙、重庆等）相继发布开放道路测试实施细则，各地开放道路测试里程总计超过 2800km，近 70 家企业总计获得道路测试牌照超过 430 张。

三、车辆在环测试

车辆在环测试（Vehicle-In-the-Loop，VIL）将虚拟交通环境产生的测试场景实时注入给真实物理世界中待测自动驾驶汽车控制器，使其控制真实车辆产生运动，并借助高速数据通信将真实车辆运动状态实时地映射到虚拟交通环境中，实现数字孪生车辆与待测自动驾驶汽车平行执行以动态更新虚拟测试场景，虚实结合完成对真实自动驾驶汽车的性能测试。

如图 5-1-3 所示，虚拟测试场景由包含光照、天气、道路、交通参与者等组成的虚拟测试环境以及复现真实待测自动驾驶汽车运动行为的，装配高保真度传感器模型的数字孪生车辆组成。传感器模型感知虚拟测试环境，得到结果级的虚拟目标状态信息，凭借 V2X、5G 等无线数据通信或者 UDP、CAN 等有线数据传输链路实时地发送给在真实物理世界运行的待测自动驾驶汽车。自动驾驶汽车控制器根据传感器信号采取相应的行为决策并发送给底盘执行机构，使真实待测车辆实时地响应由场景仿真软件构建的虚拟测试场景所触发的动作。同时，真实物理世界中待测自动驾驶汽车的运动状态信息实时地凭借数据通信链路回传给仿真测试场景里的数字孪生车辆，实现待测车辆运动映射并与虚拟交通环境产生交互行为，从而完成自动驾驶功能的测试与验证。车辆在环测试方法采用仿真场景生成技术丰富了真实物理世界的测试环境，实现了真实物理世界与虚拟测试场景之间的实时信息互通、状态互动，弥补了虚拟仿真测试与实车道路测试之间的差距。

图 5-1-3　车辆在环测试方法

 【技能训练】

自动紧急制动功能实车测试

1. 作业准备

1）清洁操作工位。

2）使用安全防护用具。

3）检查工具和设备，如图 5-1-4 所示。

2. 底盘 CAN 线的连接

（1）连接 CAN 分析仪接收线　将接收线连接至 CAN 分析仪，红线接 H，黑线接 L。用 USB 数据线连接 CAN 分析仪至计算机，如图 5-1-5 所示。

图 5-1-4 作业准备

图 5-1-5 连接底盘 CAN 线

（2）连接 CAN 分析仪至底盘 CAN 线 关闭底盘总电源和遥控器开关，将底盘 CAN 线连接至 CAN 分析仪，如图 5-1-6 所示。

 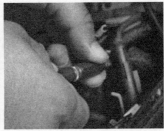

图 5-1-6 连接 CAN 分析仪至底盘 CAN 线

3. 紧急制动报文的发送

1）打开 CAN 调试软件。打开智能网联汽车总电源开关，打开遥控器开关。双击 CAN TOOL 软件图标—选择设备型号—启动设备—选择 CAN 通道号—选择波特率 500k bps—单击"确定"—合并相同 ID。

2）确定报文信息。

① 查看发送报文内容，设置应急制动距离为 50cm。

② 确定报文数据帧编码 ID。查看手册得知，ID130 为配置超声波雷达探头探测距离的报文，即应急制动数据帧编码 ID 是 00 00 01 30。

3）确定报文信息，由制动距离 50% 信息获知，Byte1 ~ Byte8 有效值为 50，换算成十六进制为 32，得出所发报文信息为 32 32 32 32 32 32 32 32，如图 5-1-7 所示。

图 5-1-7 确定报文信息

4）发送自动急停报文。

① 选择帧 ID。选择帧 ID 为 00 00 01 30。

② 输入发送数据，发送报文信息为 32 32 32 32 32 32 32 32，输入总帧数 1，发送周期 100ms，单击"发送文件"，如图 5-1-8 所示。

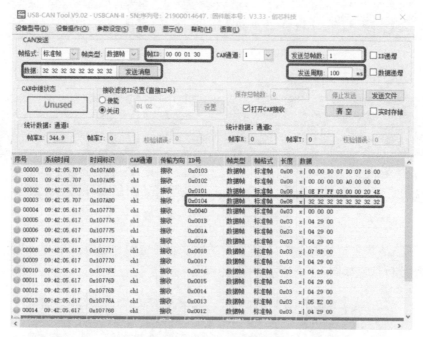

图 5-1-8　输入发送数据

4. 自动紧急制动功能的验证

发送报文后，发现车辆在行驶中遇到 50cm 的障碍物会自动制动，如图 5-1-9 所示。

图 5-1-9　验证自动紧急制动功能

5. 整理工位

1）关闭 CAN 调试软件，关闭计算机。

2）关闭电源控制盒上电源开关。

3）工具、防护用品归位，整理清洁工位。

任务二　自动驾驶的测试场景

【任务导入】

　　面向典型自动驾驶功能的测试场景生成方法遵循自动驾驶汽车测试场景分级方法实现。而在提出场景分级方法前，首先应该明确场景的定义，并通过提取场景组成要素的方法完成场景解构，为场景重构奠定基础。那你知道自动驾驶测试场景的定义是什么吗？自动驾驶场景的组成要素有哪些？学习本任务，你将回答以上问题。

【知识准备】

一、场景的定义

　　场景定义是场景研究的基础，在自动驾驶汽车测试场景研究的初期，很长一段时间并没有关于场景具体定义和架构的深入研究，相关机构及学者只是将车辆周边的环境信息概括为场景。提到场景（Scenario），就不得不优先地定义作为场景的组成部分——布景（Scene）和情景（Situation）。布景描述了一个瞬间，这个瞬间包括当时的静态环境要素、动态交通要素、气象、待测车辆以及各要素之间的逻辑关系。待测车辆在当前的布景中，以驾驶任务和实现的价值为目标，结合布景中影响本车决策的静态要素、动态交通参与者的状态和行为等做出行为决策，并完成预期的驾驶动作，整个过程具有一定的时间跨度，并最终到达一个新的布景。从一个布景到达另一个新布景之间的动态过程可以定义为情景。由于待测车辆的驾驶任务与目标不同，针对同一个布景，待测车辆所考虑的布景要素也有所差别，从而采取不同的行为决策，进而产生不同的布景。

　　如图 5-2-1 所示，场景可以被定义为在一定的时间与空间范围内，由驾驶情景联系起来的一系列布景时序演变过程的动态描述，综合反映了行驶环境与待测车辆驾驶情景之间的交

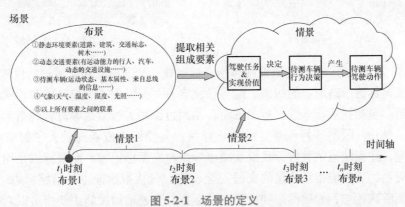

图 5-2-1　场景的定义

互过程。服务于特定的测试目的，用来验证驾驶功能是否满足设计标准和性能要求的场景被称为测试场景。

二、场景的组成要素

真实世界中的场景具有复杂程度高、不可预测、无限丰富等特点，无法做到——记录并重现，可通过提取场景组成要素的方法完成场景解构，然后根据场景要素的属性，将其梳理并细分为静态环境要素、动态环境要素、气象状况、待测车辆自身要素。

1. 静态环境要素

静态环境要素是指测试场景中在测试时间段内保持自身的状态或者行为随时间推移不发生改变的要素，其包括道路、静态交通设施、景观及静态障碍物等。

（1）道路　道路是场景中最基础的组成要素，也是所有动态要素实现运动与交互的依托。按照道路的路面类型，可以将道路分为结构化道路和非结构化道路两种。结构化道路包括高速公路、城市道路，等级较高的省级、国家公路等。虽然在不同的道路上行车速度存在明显差异，但是如图5-2-2所示，结构化道路具有道路边缘规则、道路几何特征明显、多采用沥青材质建造、路面平坦、有明显的车道线等特征。

非结构化道路指城市非主干道、乡村、矿区、林区道路等。如图5-2-3所示，非结构化道路形状复杂且没有车道线或清晰的道路边界。非结构化道路按照几何形态可分为路段（包括直道、弯道、坡道）、交叉口（包括十字路口、多岔路口、T形路口、Y形路口、错位T形路口、错位Y形路口）、环岛、匝道出入口、桥梁、高架和隧道等。每一种形态的道路具备车道宽度、长度、车道数量、车道线类型、曲率半径、坡度和附着系数等一系列特征属性。

图5-2-2　结构化道路

图5-2-3　非结构化道路

（2）静态交通设施　静态交通设施包括交通标线、交通标志和交通辅助设施等。

交通标线是标画于路面上的线条、箭头、文字、立面标记、突起路标和轮廓标等构成的交通安全设施，包括指示行车道、行车方向、路面边缘和人行横道等设施的指示标线；告示道路的通行、禁止和限制等特殊规定的禁止标线；促使行人或者驾驶人了解道路变化的情况，提高警觉，注意防范的警告标线以及减速标线与立面标记等。交通标志是用文字或符号传递引导、限制、警告或指示信息的交通安全设施，包括指示标志、指路标志、禁令标志、警告标志、旅游区标志、辅助标志和道路施工标志。交通辅助设施主要指可以对交通流进行强制性分离的隔离设施，有锥桶、隔离栅、防眩设施等；除此以外，还包括用于夜间的照明设施。

（3）景观及静态障碍物 景观指的是道路两旁的花草树木和街边建筑物等，共同构成了测试场景的自然环境，但是对自动驾驶算法的影响并不大。障碍物是位于车辆行进路线前方的静态物体，包括位于道路平面上方的凸起物体，以及低于道路平面的坑、沟等，如图5-2-4所示。

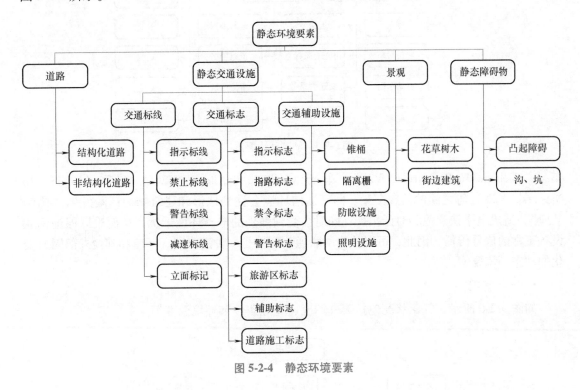

图5-2-4 静态环境要素

2. 动态环境要素

动态环境要素是指测试场景中在测试时间段内本身的状态或者行为随时间推移发生改变的要素。如图5-2-5所示，动态环境要素包括动态交通参与者、动态交通设施和网联通信环境。

（1）动态交通参与者 动态交通参与者是在测试场景中除待测车辆以外，与待测车辆实时交互并对其造成干扰的对象，包括行人、非机动车、机动车辆和动物等。动态交通参与者具有尺寸和形状等几何属性，表面材质、纹理和反射度等物理属性。除此以外，更需要关注的是它们的运动属性，包括位置状态以及用速度、方向和加减速等表示的运动状态，它们的运动行为影响了本车的决策控制。

（2）动态交通设施 动态交通设施包括交通信号灯、可变交通标志和交通警察的指挥手势等动态的交通指示设施以及因道路维修、道路施工、事故区域、路面积水、积雪造成的道路临时变更等。

（3）网联通信环境 随着车联网技术的发展，网联功能对自动驾驶汽车来说越来越重要，主要包含车-车（Vehicle To Vehicle，V2V）、车-路（Vehicle To Infrastructure，V2I）、

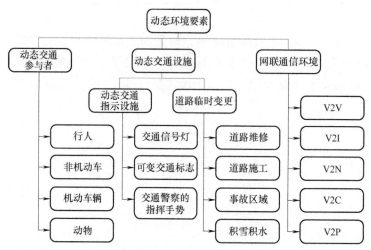

图 5-2-5　动态环境要素

车-人（Vehicle To Pedestrian，V2P）、车-云（Vehicle To Cloud，V2C）、车-网（Vehicle To Network，V2N）等之间的信息交互。网联通信环境会受到地形和建筑物的遮蔽发生"阴影效应"，造成电平快衰落和时延扩展；同时会受到强烈的电磁环境干扰，从而难以保证网联设备正常的信号传播。因此，可以认为网联通信环境是一种随时间、环境和其他外部因素变化的动态环境要素。

3. 气象状况

如图 5-2-6 所示，气象状况包括天气情况、光照条件和环境温度等。

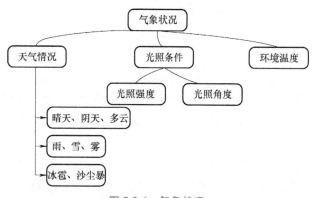

图 5-2-6　气象状况

（1）天气情况　天气情况主要涵盖雨、雪、雾、冰雹、沙尘暴、晴天、阴天和多云等。天气状况可以影响能见度和视野范围，同时对传感器的感知性能造成影响。

（2）光照条件　光照条件可以通过光照强度和光照角度进一步描述。良好的光照条件会使物体反射光线清晰，摄像机可以捕捉到足够清晰的外轮廓；过强或者过弱的光线均会导致相机不能很好地识别出感兴趣的区域，从而影响摄像机的感知能力。

（3）环境温度　设备或者仪器均有各自的使用温度范围，超出设计温度范围，会造成设备的损坏或者影响各元器件的精度。

4. 待测车辆自身要素

如图 5-2-7 所示，待测车辆自身要素包括待测车辆的基本信息、待测车辆的状态信息和待测车辆的驾驶任务。

（1）待测车辆的基本信息　待测车辆的基本信息包括待测车辆的满载、空载质量，几何尺寸，车辆性能等。几何尺寸包括车辆的长、宽、高、重心位置等参数，可以反映车辆占用的空间信息。车辆性能包括汽车理论中提到的最高车速、最大加速度、爬坡能力、燃油经济性、转向性能和制动性能等。

（2）待测车辆的状态信息　待测车辆的状态信息可以细分为位置状态、运动状态和视野状态。位置状态表达的是车辆在场景中的绝对 GPS 坐标以及参考坐标位置信息。待测车辆的运动状态由运动方向、运动速度、运动加速度和运动姿态等组成。视野状态主要考虑是否存在遮挡或者传感器探测盲区。

（3）待测车辆的驾驶任务　驾驶任务决定了场景中待测车辆需要考虑的场景要素以及传感器感兴趣的识别区域。从而在保证测试场景有效性的前提下，降低了测试场景的复杂度。

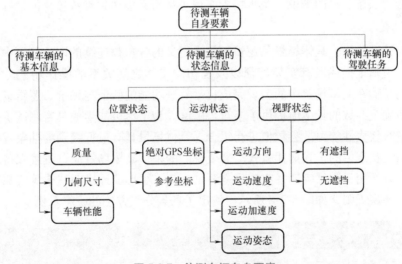

图 5-2-7　待测车辆自身要素

三、场景的分级方法

为了更好地支持系统概念设计、系统开发和测试验证等环节，系统不同的开发阶段对场景的表示方法提出了差异化的需求。在概念定义阶段，场景应具有最高的抽象等级。随着系统的开发进程逐渐深入，场景逐步具体化，最后形成用于安全验证和性能评估的测试案例。场景的抽象级别为功能场景、逻辑场景和具体场景。

1. 功能场景

在自动驾驶产品技术开发之前，需要完成产品的功能定义，其主要包括对产品功能、应用环境的描述，预判可能出现的危险并进行风险评估。据此可以在场景组成要素中筛选出与产品技术相关的，或者对产品性能有影响的要素，并通过自然语言描述的方式，高度抽象地描述场景。值得注意的是，根据项目开发需求，功能场景描述的详尽程度可以有所差异。但为了保证场景描述的一致性原则，语义描述过程中应该使用行业内定义好的专业语言，并且能够准确地被他人理解。功能场景具有最高的抽象级别，然而场景中的天气条件、道路几何及拓扑结构、交通参与者类型、待测车辆与其他交通参与者的相对运动关系是可以确定的。

2. 逻辑场景

在自动驾驶系统的技术开发阶段，项目需求以可验证的方式进行制订并整理成机器可读的形式，所以应该细化并规范场景的表述方式。首先对于功能场景表述中的每一个场景要素，提取其对系统功能可能造成影响的一个或者多个要素参数，并作为场景详细描述的基础。比如，通常选择道路宽度来描述道路，曲线几何结构由半径表示，车辆之间的运动关系可以由相对位置和相对速度等指标进行量化。接着通过为表达实体特征的属性参数以及描述实体间关系的交互参数定义取值范围的方式，降低场景的抽象程度。然后，可以通过不同状态参数之间的依赖关系或者数值约束条件，将参数取值范围划分为有效/无效、安全/危险的区间，从而对系统的使用边界进行建模。参数的取值范围可以通过经验及理论知识定义，交通法规规定给出，或者依靠事故数据库、自然驾驶数据的支持，将各参数取值范围用概率分布图的方式进行表达。总的来说，逻辑场景实现了从语义描述到参数量化的过程。

3. 具体场景

在测试与验证阶段，具体场景从逻辑场景中定义的各参数连续的取值范围中选择一组具体的参数值，清晰地描述具有实体特征以及确切的实体之间关系的操作场景。搭配测试方法，根据被测车辆在测试场景中的表现完成自动驾驶功能的验证与评价。逻辑场景中的各参数分布区间为确定参数的具体值提供了多重自由度。为了尽可能生成具有测试价值的具体场景，应选择具有代表性的离散参数值进行组合。具体场景具有最低级别的抽象程度，同时具有基于物理系统状态值的正式描述方式。需要说明的是，具体场景应该继续保持以机器可读的方式表示，以便用于测试验证并实现重复测试。为了更形象地说明三个等级测试场景之间的逻辑关系与转换规则，如图5-2-8所示，给出了场景分级方法的一个示例。

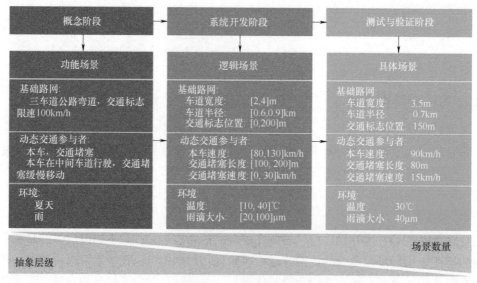

图 5-2-8　场景分级示例

【技能训练】

辅助驾驶功能场景测试

1. 作业准备

1）打开动力蓄电池包开关和主电源开关。

2）打开电源控制盒上 AGX、LCD、LIDAR、M2 等电源开关。

2. 自动驾驶仿真场景测试系统参数设置

自动驾驶仿真场景测试系统参数设置如图 5-2-9 所示。

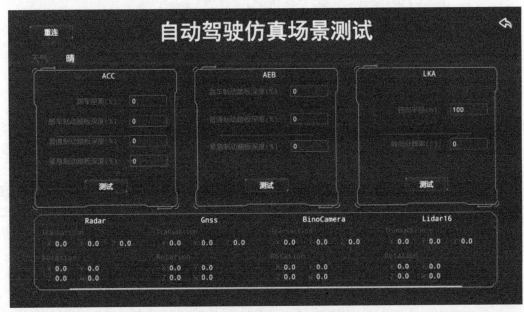

图 5-2-9　自动驾驶仿真场景测试系统参数设置

1）设置传感器的参数标定如图 5-2-10 所示。

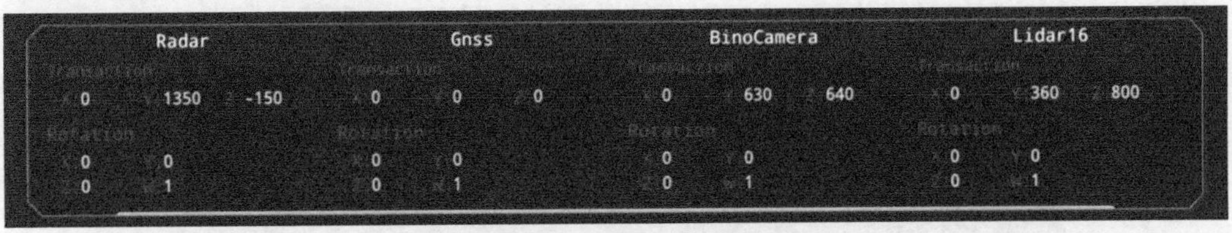

图 5-2-10　设置传感器的参数

2）选择测试场景如图 5-2-11 所示。

3. 自适应巡航（ACC）测试

进行自适应巡航测试时，共需要设置四个参数值，如图 5-2-12 所示。

图 5-2-11　选择测试场景

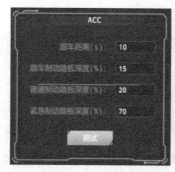

图 5-2-12　进行自适应巡航测试

1）跟车距离。是指与前方车辆的车间距。参数设置单位为 s，实际车间距离为车行速度 v 乘以设置的参数值。

2）跟车制动踏板深度。是指在跟车情况下需要制动时，制动踏板踩下的程度，范围为 0%～100%。设置的参数值越高，则制动力越大。

3）普通制动踏板深度。是指普通制动时，制动踏板踩下的程度，范围为 0%～100%。设置的参数值越高，则制动力越大。

4）紧急制动踏板深度。是指紧急制动时，制动踏板踩下的程度，范围为 0%～100%。设置的参数值越高，则制动力越大。

4. 紧急制动（AEB）测试

进行紧急制动测试时，共需要设置三个参数值，如图 5-2-13 所示。

图 5-2-13　紧急制动测试

1）紧急制动踏板深度。是指紧急制动时，制动踏板踩下的程度，范围为0%～100%。设置的参数值越高，则制动力越大。

2）普通制动踏板深度。是指普通制动时，制动踏板踩下的程度，范围为0%～100%。设置的参数值越高，则制动力越大。

3）跟车制动踏板深度。是指在跟车情况下需要制动时，制动踏板踩下的程度，范围为0%～100%。设置的参数值越高，则制动力越大。

5. 车道保持（LKA）测试

进行车道保持测试时，共需要设置两个参数值，如图5-2-14所示。

图5-2-14 车道保持测试

1）转弯半径。是指智能网联汽车进行左右转弯时，转弯幅度大小。

2）转向分辨率。是指智能网联汽车在行驶过程中，检测是否在车道内的参数。设定的参数值越大，则汽车检测范围越大，当检测到车道时，汽车会进行左右转弯进行调整。

6. 整理工位

1）关闭测试软件，关闭计算机。

2）关闭电源控制盒上电源开关。

3）整理清洁工位。

任务三　路径规划与高精度地图技术

 【任务导入】

目前，由于位置信息涉及国家安全问题，我国在电子地图应用中会对部分真实坐标实行加偏处理，高精度定位自然也会受到一定程度的法规限制，因此高精度地图、高精度定位和导航仅能够提供全局车道级的路径规划。从应用角度来说，在自动驾驶中，亚米级车道级的规划通过相关信息融合已经能够满足需求，在全局亚米级定位基础上，进一步借助车道线的检测，实现汽车局部车道内路径规划也尤为重要。自动驾驶不仅需要避障和感知道路交通信息，还需要遵守交通规则。那你知道自动驾驶路径规划的分类和测试方法有哪些吗？高精度地图的采集方式和应用有哪些？学习本任务，你将回答以上问题。

 【知识准备】

一、路径规划技术

路径规划是解决智能网联汽车如何达到行驶目标问题的上层模块，它依赖于为智能联网汽车驾驶定制的高精度地图，与普通导航单纯提供指引的性质不同，智能网联汽车的路径规划模块需要提供能够引导车辆正确驶向目的地的轨迹。这些轨迹至少要达到车道级导航的水平，而且轨迹上影响车辆行驶的周边的环境也需要被准确描述和考虑，如图 5-3-1 所示。

图 5-3-1　高精度地图中的车辆可行驶轨迹

路径规划是指在模型化的场景中给定起点和终点，按照一定的评价指标规划出连接两点的可行路径及避开障碍物同时通过最短路径到达终点。根据从环境能够获得路径信息的多少，把路径规划分为完全信息的全局路径规划（静态规划）和基于传感器信息的局部路径规划（动态规划）两种。两者区别在于，全局路径规划不考虑环境的现场约束，如障碍物大小、形状，道路几何特征等，如图 5-3-2 所示。局部路径规划要根据传感器获得车辆周围实时环境信息，如障碍物信息、道路形状、交通信号、天气、自身行驶状态等，如图 5-3-3 所示。

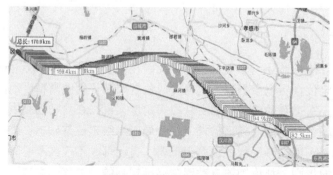

图 5-3-2　全局路径规划

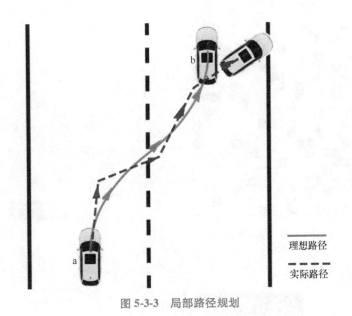

理想路径

实际路径

图 5-3-3　局部路径规划

1. 全局路径规划

全局路径规划，又称为静态或离线规划，根据获取表的环境信息为车辆规划一条道路，规划路径的准确性取决于获取外部环境信息的准确性，实时性欠佳，计算量也比较大。全局路径规划方法通常会找到最优路径，但需要预先知道整个环境的准确信息和行驶目标。

全局路径规划法主要有栅格法、拓扑法和可视图法等。

（1）栅格法　栅格法采用具有二值信息的网格单元分解工作环境，并多采用四叉树或八叉树表示，如图 5-3-4 所示。通过启发式算法完成路径搜索与规划，栅格法以栅格节点为单位存储环境信息，环境被一定分辨率的栅格量化，栅格粒度越小，分辨率越高，障碍物表示越精确，发现路径能力越强，但同时精细的栅格会占用过多的存储空间，算法的搜索范围及规划时间都将大大增加；栅格的粒度过大，分辨率降低，环境信息存储不够充分，规划的路径精确度降低。因此选择大小适当的栅格粒度，是栅格法的主要问题。

（2）拓扑法　拓扑法将环境空间划分成具有拓扑特征的子空间，利用相邻子空间的连通性建立拓扑网络，并在网络上搜索从起始点到目标点的最短路径，如图 5-3-5 所示。拓扑法通过降维法将高维空间中搜索路径的问题转化为低维拓扑空间中判别子空间连通性的问题，降低了搜索空间及规划难度。拓扑法的复杂性仅依赖于障碍物数目，理论上是完备的；拓扑法一般不需要车辆本身的准确位置信息，因此在规划路径时对位置误差的鲁棒性更好。但拓扑网络的建立过于复杂，难以实现，当在障碍物改变时，已有拓扑网络的重构需要有效的解决方法。

（3）可视图法　基于可视图的建模方法将环境中的障碍物以凸多边形包络表示，如图 5-3-6 所示，将多边形的顶点、物体的起点和目标点都视为质点，进行可视化判断：如果两点连线组成的线段不与任何障碍物多边形相交，则称为两点可视，该线段称为可视线，这样便会形成一个可视图，物体则按照可视图路线到达终点。但是在复杂环境下，该算法可能出现错误简化障碍物的问题，导致规划出的路径可能不是最优，且位置精确度低。

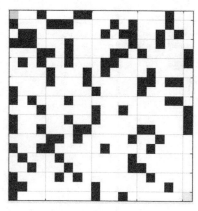

图 5-3-4　栅格法地图

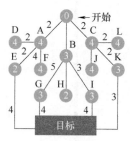

图 5-3-5　拓扑网络

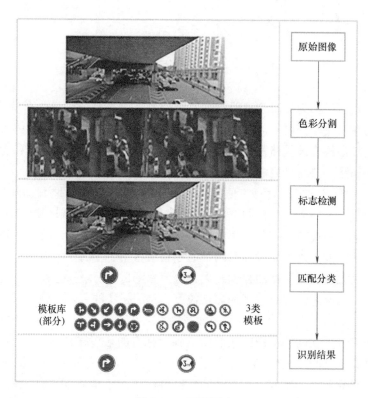

图 5-3-6　可视图法

2. 局部路径规划

局部路径规划，又称为动态或在线规划，局部路径规划需要实时获得车辆前进道路上可能会对车体产生影响的障碍物信息。智能车辆在前进过程中，先根据传感器收集的道路环境信息确定当前车辆周围局部范围内障碍物分布、形状及尺寸等情况，再实时规划出一条避障轨迹，使车辆在局部环境中能够安全行驶。与全局路径规划方法相比，局部路径规划方法具有实时性。

局部路径规划法主要有人工势场法、模糊逻辑算法和遗传算法等。

（1）**人工势场法** 人工势场法是由 Khatib 提出的一种虚拟力法。该算法假设目标点和障碍物分别对物体产生引力和斥力，通过求解合力控制物体运动，能够较好地适应目标的变化和环境中的动态障碍物。当物体距离目标点比较远时，斥力有可能变得无限大；若斥力较小甚至可以忽略斥力时，物体在运动路径上有可能会碰到障碍物。但如果在某个特殊范围，引力和斥力大小刚好相等，方向相反，此时物体极容易陷入局部震荡，因此采用人工势场法规划出来的路径，在多数情况下存在局部最优的问题，易产生震荡和死锁，如图 5-3-7 所示。

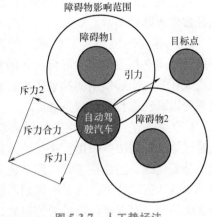

图 5-3-7　人工势场法

（2）**模糊逻辑算法** 基于模糊逻辑算法的路径规划并非对道路环境信息进行精确计算，而是模拟实际驾驶人在驾驶过程中的驾驶行为选择路径。规划路径时，模糊逻辑算法先将环境信息模糊化处理，然后通过先验的知识库经查表推理得到结果。图 5-3-8 所示为模糊逻辑算法的控制流程结构。模糊逻辑算法计算量不大，能够实现实时规划，对于解决复杂定量问题或处理近似的、不确定信息时效果显著。

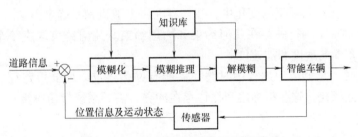

图 5-3-8　模糊逻辑算法的控制流程结构

模糊控制算法有固有缺陷：知识库的控制规则不一定完备；当模糊控制器的输入量是多维时，控制规则或模糊表数量会急剧膨胀。另外，控制规则的在线调整非常困难，无法根据环境改变。因此，如何得到最优的隶属度函数和控制规则，并实现控制规则的在线调整是模糊逻辑算法最大的问题。

（3）**遗传算法** 遗传算法（Genetic Algotithm，GA）依据适者生存、优胜劣汰的法则，模拟生物进化机制。遗传算法通过对初始群体进行编码，对群体中的个体添加"交叉"和"变异"等操作，经过不断的迭代，直到逼近问题的最优解，如图 5-3-9 所示。但在目前的工作中，对于大规模计算量问题，该算法容易陷入"早熟"，同时遇到维数较高的问题，遗传算法需要大量时间进行计算和优化。

路径规划直接关系车辆行驶路径选择的优劣和行驶的流畅度，而路径规划算法的性能优劣很大程度上取决于规划算法的优劣，如何在各种场景下迅速、准确地规划出一条高效路径且使其具备应对场景动态变化的能力是路径规划算法应当解决的问题。

3. 路径规划的主要步骤

路径规划的主要步骤有建立环境模型、路径搜索和路径平滑。

(1) 建立环境模型 将现实的环境进行抽象后建立相关模型，即将实际的物理环境变成计算机能够使用的抽象环境，是路径规划得以顺利进行的前提条件。

(2) 路径搜索 在建立好的环境模型上通过算法规划出一条可行路径，该路径理论上是最优的，但是在实际中移动机器人可能无法到达指定位置，或者所规划的路径不是最优路径，存在路径不平滑的现象。

(3) 路径平滑 进一步处理与平滑度优化，将理论上最优路径变成实际可行的路径。

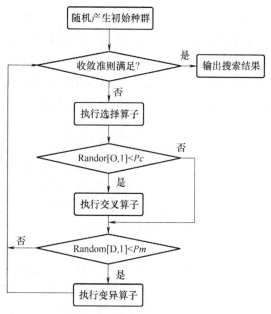

图 5-3-9 遗传算法流程图

4. 路径规划的特点

(1) 复杂性 在复杂环境中，尤其是动态实时变化环境中，车辆的路径规划非常复杂，需要大量的计算。

(2) 随机性 在复杂环境的变化中，往往存在许多随机和不确定因素。

(3) 多约束性 车辆行驶存在几何约束和物理约束。几何约束取决于车辆的形状，而物理约束取决于车辆的速度和加速度。

(4) 多目标性 车辆运动过程中对路径性能有许多要求，如最短路径、最佳时间、最佳安全性能和最低能耗，这些指标之间往往存在冲突，需要系统权衡决策。

5. 路径规划的应用

路径规划在很多领域中都得到了广泛应用。其中，在高新科技领域的应用有自主车辆或者自主机器人的自主无碰撞行动和线路规划、搜救无人机、反导弹袭击、洲际导弹躲避雷达扫描、完成危险的任务等；在人们日常生活领域的应用有 GPS 定位、基于 GIS 系统的道路规划、GPS 导航、城市道路网规划导航等；在决策管理领域的应用有物流管理中的车辆路径问题（Vehicle Routing Problem，VRP）、通信技术领域的路由问题、类似的资源管理资源配置问题等。但凡可化为点线网络的规划问题都可以采用路径规划的方法来解决。

6. 路径规划的发展趋势

随着机器人和无人车等行业对路径规划技术的广泛需求与应用，该技术需要面对的环境地图也更为复杂多变，无人车和机器人等需要完成不同环境下的作业，便需要路径规划算法具有应对复杂环境变化的能力，同时在时间成本上大为降低，单一算法往往很难适用于不同的环境，因此未来的路径规划技术中有以下发展趋势：

1) 现有的路径规划算法的改进。

2) 多种路径规划算法的有效结合。

3) 环境建模与路径规划算法的结合。

因此，对单一算法改进或者多种路径规划算法的有效结合，将不同算法进行优势互补，不断改进自身存在的弊端，使算法不断完善，可以为解决复杂多变的环境问题提供很好的思路。

二、高精度地图技术

1. 高精度地图的定义

电子地图，是对实际路网的一种抽象和简单概括，主要用于行人与车辆在日常生活中进行导航或查询位置信息。传统的电子地图指的是利用有向图对路网进行抽象的电子地图，生活中广泛使用的 Google、百度、高德地图等都属于传统的电子地图，典型的传统电子地图如图 5-3-10 所示。路口被抽象为有向图中的节点，而道路被抽象为有向图中的边，而诸如路名、地标、行道线等信息需要简单而粗略地存储为边的属性。传统电子地图的信息由 GNSS 提供，一般精确到米级。由于传统电子地图的受众群体一般为驾驶人，他们有主动提取信息、关联信息、筛选信息和合理决策的能力，因此传统电子地图的精细程度和存储信息种类对驾驶人来说足够支持定位与导航。但是，对于现阶段的无人驾驶车来说，还不能进行自主的信息判断、信息筛选与决策，需要一个更加精细的、存储信息种类更丰富的、能够辅助无人驾驶车完成自主定位和导航的高精度地图。

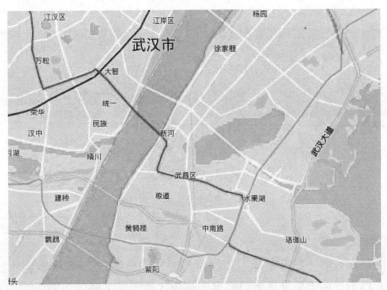

图 5-3-10　典型的传统电子地图

高精度地图是指精细化定义的地图，其精细化的概念不仅表现在数据精度上，也表现在数据维度上。从数据精度上来看，高精度地图的精度比传统地图高近百倍，精确到了分米级甚至厘米级；从数据维度上来看，高精度地图中除了存储位置信息，还存储了大量与周围环境相关的语义信息，如图 5-3-11 所示。

高精度地图对地图中包含的大量信息使用结构化存储，其存储的信息可以分为两类：一类是普通道路数据，包括车道的宽度、类型、曲率、车道线的位置等属性；另一类存储的信息描述的是车道周围环境的三维信息，包括交通标志、信号灯以及动态和静态障碍。如图 5-3-12 所示，在无人驾驶车行进的过程中，可以根据高精度地图给出的位置信息及环境信息判断自己所处的方位，规划未来行进的路线。同时，可以根据动态障碍的变化对规划出的路径进行局部调整，以提高驾驶安全性、降低风险。

a) DeepMap高精度地图　　　　　　　　　　　b) HERE高精度地图

图 5-3-11　高精度地图范例

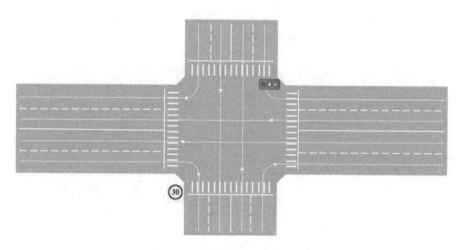

图 5-3-12　高精度地图道路网络

2. 高精度地图的采集

传统地图的数据采集一般是依靠卫星图片产生，然后通过 GPS 精确定位。但是，这种数据采集方式显然不适用于要求厘米级精度的高精度地图。高精度地图的数据采集一般有两种形式：一种是结合激光雷达、2D 相机和 GPS；另一种是结合 2D 相机、距离测量算法和 GPS。由于所采集的数据量巨大，需要涉及多种传感器，因此通常使用数据采集车，然后辅以线下处理生成高精度地图。图 5-3-13 所示为高德地图数据采集车。

基于采集车的高精度地图的生成流程可以分为以下三个步骤：

首先，利用 GNSS/INS 数据进行融合，获取地图采集车的高精度位置坐标以及高精度的航向信息，同时获取地图采集车行驶的轨迹点、车载传感器的位置坐标。

其次，利用车载相机拍摄道路图像数据，利用机器学习算法对图像数据进行分类，获取图像上的道路、车道线和道路标志等语义信息；同时，利用车载激光雷达获取地面目标的激光点云信息，从激光点云信息中提取目标的语义和相对坐标信息。

a) 高德公司地图采集车

b) Here公司地图采集车

图 5-3-13　高德地图数据采集车

最后，将图像或者点云提出来的信息与位置数据进行融合，获取道路要素的位置、几何和语义信息，从而创建车道级高精度地图。比如，可以根据相机的高精度位置坐标和道路要素相对相机的空间位置关系，获取道路要素的绝对位置坐标，其流程如图 5-3-14 所示。

3. 高精度地图的应用

地图作为无人驾驶系统的基础和负责指导的"大脑"，应当在无人车行驶的每个阶段都起到指导或辅助修正的作用。成熟而准确的高精度地图主要应用在匹配与定位、环境感知和路径规划三方面。

（1）匹配与定位　地图匹配与车辆定位是车辆自主行驶的第一步，只有精确的车辆定位才能保证后续行驶的安全和准确。传统地图的匹配和定位主要依赖 GPS 信息，但是，由于 GNSS 本身存在的不稳定性，在传统地图中很容易出现初始位置匹配错误

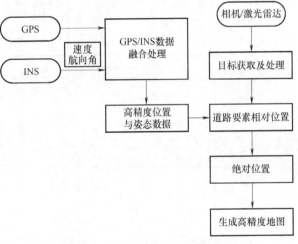

图 5-3-14　高精度地图采集流程图

或者行驶途中出现偏差的情况。由于高精度地图包含的数据量大、信息精确度高、信息层次丰富，在基于高精度地图的定位与匹配中可以使用雷达点云匹配的方法完成更高精度的定位和匹配。

（2）环境感知　无人驾驶车的环境感知主要依赖各项传感器的配合协作。但是，传感器的局限在于其易受恶劣天气等外界环境因素影响。因此，高精度地图包含的大量道路语义信息，可以补充传感器缺失或不准确的部分。

（3）路径规划　路径规划是无人车研究中最基础也是最重要的一步。考虑到目前交通情况的复杂性，人们希望高精度地图能够给予无人车可靠的全局导引，帮助无人车更好地进行局部路径规划。该全局导引应根据障碍物及周围环境的变化实时修改全局导引信息。但是，由于传统地图包含信息不够，用于传统地图的全局路径规划算法一般是从给定起点到终点的最短路算法或其改进。高精度地图可以借助精确的实时地图匹配来修正道路信息，为无人车提供最新的路况，完成实时路径规划导引，图 5-3-15 所示为高精度地图在自动驾驶中的应用。

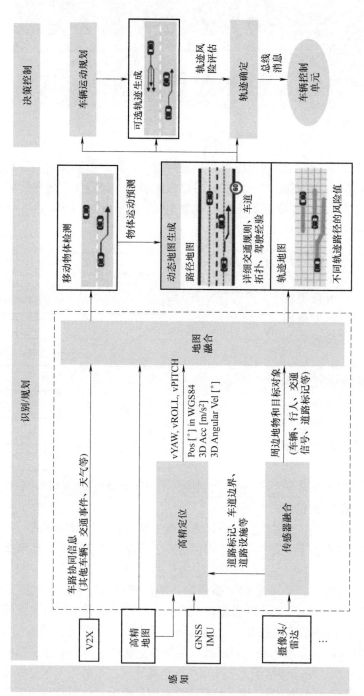

图 5-3-15　高精度地图在自动驾驶中的应用

V2X:Vehicle To Everything，车路协同

4. 高精度地图的主要优势

第一，静态地物的语义识别。高精度地图中对静态地物的丰富标识可弥补视觉传感器探测效果不佳的情况，尤其是高速公路匝道出入口限速信息识别。视觉传感器在天气良好的情况下，拥有理想的视距，可以检测到限速标志，但是限速标志的效用路段这种语义级信息难以标定，而地图数据库中一般详细记录了限速标志类的效用路段以及有效方向，这些信息的输入使车辆在控制端免获错误信息的干扰，提升驾驶行为的可靠性。

第二，感知算法的效率提升。高精度地图中包含大量短时间内不会发生变化且客观存在的道路特征数据。自动驾驶系统多传感器数据融合的过程需要加工、处理大量传感器传回的数据，对芯片的计算能力有较高要求。地图数据库中大量道路相关的先验信息，如各类交通设施、车道线、坡度、曲率、航向、限高和限宽等，有助于固有地物的过滤，减少算法对冗余信息的消耗，这将大幅降低感知融合的复杂度，让有限的计算资源集中在可能影响当下驾驶行为的动态物体判断上，使车辆控制端获得更为实时的数据输入。

第三，环境冗余信息的提供。一般情况下，应用系统诉求精简信息的输入，以确保尽量及时的反馈。但是，对于自动驾驶系统而言，车辆诸如操纵、转向和制动等动态驾驶任务，将完全由机器执行，要求驾驶人没有任何控制，系统仍可以按照正确的路径和交通规则在约定的方向上行驶，安全性提升至前所未有的高度，因此冗余方案必不可少。地图数据可在不占用计算资源的情况下，高度还原外部交通环境，为感知融合算法提供"冗余"信息输入，进一步增加感知的准确性和安全性。

⌨ 【技能训练】

GPS 定位车道线地图录制与自动驾驶

1. 作业准备

1）打开动力蓄电池包开关和主电源开关，如图 1-1-17a 所示。

2）打开电源控制盒上 AGX、LCD、LIDAR、M2 等电源开关，如图 1-1-17b 所示。

2. GPS 定位车道线地图录制

1）鼠标单击进入/home/apollo-arm 目录下，在此目录下鼠标右键单击空白处，选择 open in terminal 打开命令行，输入 ./apolloExe 回车，打开 apolloExe 软件，如图 5-3-16 所示，单击"启动人机交互"按钮即可打开 dreamview 界面，选择 Standart 模式。

2）打开 Module Controller 界面，打开 GPS，Localization 模块，在监控窗口一栏查看 GPS 信号质量和定位信息质量，保证信号质量达到要求时，单击"start Record Map"开始录制自动驾驶车道线地图，如图 5-3-17 所示。地图录制完毕后，单击"Stop Record Map"停止录制地图，地图将会更新在地图显示一栏中，如图 5-3-18 所示。

3. 红绿灯坐标配置

鼠标单击进入/home/apollo-arm 目录下，在此目录下鼠标右键单击空白处，选择 open in terminal 打开命令行，输入 ./apolloExe 回车，打开 apolloExe 软件，单击"启动人机交互"

图 5-3-16　apolloExe 软件界面

图 5-3-17　GPS 定位自动驾驶地图录制界面

按钮即可打开 dreamview 界面，在 dreamview 的 Tasks 界面右上方选择上一步录制好的以时间命名的自动驾驶地图，如图 5-3-19 所示。选择 Standart 模式，并将红绿灯在地图中标注，如图 5-3-20 所示。

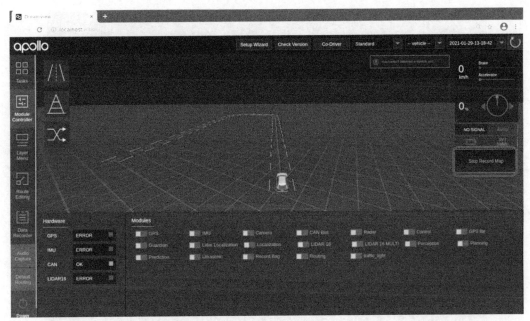

图 5-3-18　GPS 定位自动驾驶地图保存录制界面

图 5-3-19　GPS 定位自动驾驶地图选择界面

4. 启动自动驾驶

1）在 apolloExe 软件界面中单击"启动激光雷达"，查看监控号窗口的 GPS 质量和定位信息质量，GPS 质量的 sol_type 字段为和定位精度达到要求时，打开 Module Controller 界面，如图 5-3-21 所示，打开 GPS、IMU、Camera、Localization、CAN Bus、Radar、Guandian、

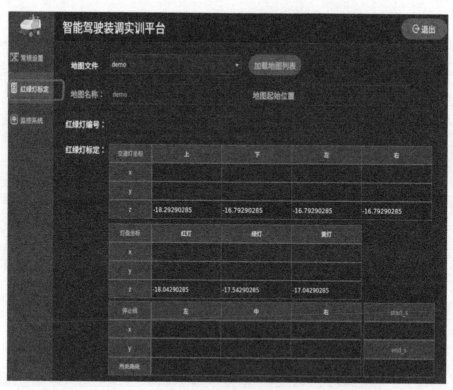

图 5-3-20 红绿灯标注界面

Ultrasonic、traffic_light、Perception、Prediction、Routing 模块，在 apolloExe 软件单击启动激光雷达、规划模块和启动控制模块，如图 5-3-22 所示。

图 5-3-21 GPS 定位自动驾驶模块指令窗口启动界面

图 5-3-22　GPS 定位自动驾驶模块启动界面

2）如图 5-3-23 所示，在 Routing Editing 界面单击"Add Point of Interest"按钮选择目标点，并单击 Send Routing Request 发送目标点。单击 Tasks 界面中的"Start Auto"按钮，最后遥控器放权，进入自动驾驶状态。

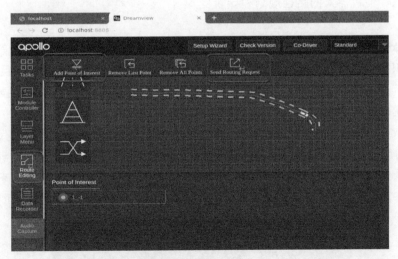

图 5-3-23　添加目标点

3）至此自动驾驶启动完成，车辆将自动行驶在录制完毕的车道上，能够自动避障，自动识别红绿灯，最终到达规划的终点。

5. 整理工位

1）关闭自动驾驶测试系统。

2）关闭电源控制盒上 AGX、LCD、RADAR、M2 等电源开关。

3）关闭主电源开关和动力蓄电池包开关。

【延伸阅读】

SLAM 技术是什么？SLAM 是机器人从未知环境的未知地点出发，在运动过程中通过重复观测到的地图特征定位自身位置和姿态，再根据自身位置增量式地构建地图，从而达到同时定位和地图构建的目的。SLAM 的全称为 Simultaneous Localization And Mapping，即同时定位与地图构建。目前，用于 SLAM 的传感器主要分为激光雷达及视觉传感器两种。

激光 SLAM 采用单线或多线激光雷达，一般用于室内机器人及无人驾驶领域，激光雷达的出现和普及使测量更快、更准，信息更丰富。激光雷达采集到的物体信息呈现出一系列分散的、具有准确角度和距离信息的点，被称为点云。通常，激光 SLAM 系统通过对不同时刻两片点云的匹配与比对，计算激光雷达相对运动的距离和姿态的改变，也就完成了对机器人自身的定位，如图 5-3-24 所示。

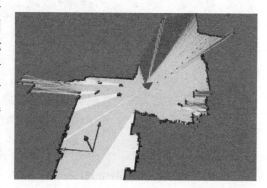

图 5-3-24　激光 SLAM 建图

相对来说，激光测距较为准确，误差模型简单，在室内外环境中均能稳定运行，点云的处理也比较容易。同时，点云信息本身包含直接的几何关系，使机器人的路径规划和导航变得直观。

视觉 SLAM 也有类似的特点，它可从环境中获取海量的、富于冗余的纹理信息，拥有超强的场景辨识能力。早期的视觉 SLAM 基于滤波理论，其非线性的误差模型和巨大的计算量成了它实用落地的障碍。近年来，随着具有稀疏性的非线性优化理论以及相机技术、计算性能的进步，实时运行的视觉 SLAM 已经不再是梦想。

视觉 SLAM 的优点是它所利用的丰富纹理信息，如图 5-3-25 所示。例如两块尺寸相同内容却不同的广告牌，基于点云的激光 SLAM 算法无法区别它们，而视觉可以轻易分辨。这带来了重定位、场景分类上无可比拟的巨大优势。同时，视觉信息可以较为容易地被用来跟踪和预测场景中的动态目标，如行人和车辆等，对于在复杂动态场景中的应用这是至关重要的。

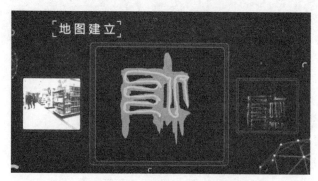

图 5-3-25　视觉 SLAM 建图

总的来说，激光 SLAM 及视觉 SLAM 都有其局限性，未来相互融合将是大势所趋，但从目前两种技术的发展情况来看，基于激光雷达的 SLAM 相对来说更为成熟。

【学习小结】

通过本项目的学习，掌握自动驾驶的三种测试方法，自动驾驶场景测试中场景的定义、场景的要素组成和场景的分级方法，全局路径规划和局部路径规划的定义和特点，高精度地图的定义、采集和应用，智能网联汽车自动紧急制动的测试流程，辅助驾驶功能场景测试方法，GPS 定位车道线地图录制与自动驾驶，为掌握智能网联汽车综合道路测试技术打下坚实的基础。

【课后习题】

一、单项选择题

1. 高精度地图的构建与高精定位的实现，是车辆重要的环境信息来源，能够帮助汽车驾驶系统感知到更大范围的交通态势，保证自动驾驶安全，同时帮助汽车进行自主路径规划及决策支持，具备多维度、更新及时、结果精确到厘米级的优点，最高可达（　　）。

A. 1cm　　　　　　B. 10cm　　　　　　C. 20cm　　　　　　D. 50cm

2. 智能网联汽车需要通过（　　）准确感知自身在全局环境中的相对位置以及所要行驶的速度、方向和路径等信息。

A. 定位技术　　　　B. 卫星技术　　　　C. 无线技术　　　　D. 导航技术

3. 自动驾驶汽车属于智能汽车，是其中 L3～L5 级别的智能汽车，该级别的智能汽车能够执行完整动态驾驶任务（DDT）的（　　）（ADS）功能车。

A. 自动驾驶系统　　B. 半自动驾驶系统　C. 安全驾驶系统　　D. 简单驾驶系统

4. 装有自适应前照灯系统的汽车，当车身发生前仰时，该系统调整的是汽车前照灯（　　）。

A. 横向角度　　　　B. 纵向角度　　　　C. 横向与纵向角度　D. 以上均不对

5. 前车防撞预警（FCW）是一种高级安全辅助系统，它通过（　　）系统时刻监测前方车辆，感应和计算行驶过程中车辆与前车的距离来判断潜在的碰撞风险，并发出警示。

A. 雷达　　　　　　B. 红外线　　　　　C. 紫外线　　　　　D. 摄像头

6. 车辆测试过程中所处的地理环境、天气、道路、交通状态及车辆状态和时间等要素的集合叫作（　　）。

A. 测试场景　　　　B. 测试动态　　　　C. 测试任务　　　　D. 测试规程

7. 自适应巡航控制系统的英文缩写是 ACC，又可称为智能巡航控制系统，它将汽车自动巡航控制系统（　　）和车辆前向撞击报警系统有机结合起来，自适应巡航控制不但具有自动巡航的全部功能，还可以通过车载雷达等传感器监测汽车前方的道路交通环境。

A. CCS　　　　　　B. ITS　　　　　　C. LDW　　　　　　D. AEB

8. 关于紧急制动工作条件描述错误的是（　　）。

A. 车辆无其他功能相关车辆信号故障

B. 驾驶人未踩下制动踏板或未打转向灯

C. 车辆行驶速度≥10km/h

D. 该功能处于开启条件

9. 自动紧急制动系统是指车辆在非自适应巡航的情况下正常行驶，如车辆遇到突发危险情况或与前车及行人距离小于安全距离时（　　）进行制动避免或减少追尾等碰撞事故的发生，从而提高行车安全性的一种技术。

A. 主动　　　　　　　B. 被动　　　　　　　C. 提示　　　　　　　D. 辅助

10. 交通标识识别（TSR）主要是通过安装在车辆上的（　　）采集道路上的交通标识信息，传送到图像处理模块进行标识检测和识别，并根据识别结果做出不同的应对措施。

A. 摄像头　　　　　　B. 超声波　　　　　　C. 投影仪　　　　　　D. 激光

二、判断题

1. 用于验证算法模型的准确性和可接受性的测试方法称为软件在环测试。（　　）

2. 受控场地测试作为自动驾驶汽车商用的最后一步，也是最艰难的一步。（　　）

3. 动态环境要素是指测试场景中在测试时间段内保持自身的状态或者行为随时间推移不发生改变的要素。（　　）

4. 路径规划不依赖高精度地图。（　　）

5. 拓扑法采用具有二值信息的网格单元分解工作环境，并多采用四叉树或八叉树表示。（　　）

三、填空题

1. 自动驾驶虚拟仿真测试主要包括＿＿＿＿、＿＿＿＿和＿＿＿＿三部分。

2. 场景要素细分为＿＿＿＿、＿＿＿＿、＿＿＿＿和＿＿＿＿。

3. 场景的抽象级别为＿＿＿＿、＿＿＿＿和＿＿＿＿。

4. 根据从环境能够获得路径信息的多少，把路径规划分为＿＿＿＿和＿＿＿＿。

5. 高精度地图主要应用在＿＿＿＿、＿＿＿＿和＿＿＿＿三方面。

参考文献

[1] 李妙然，邹德伟. 智能网联汽车技术概论 [M]. 北京：机械工业出版社，2019.

[2] 崔胜民，卞合善，等. 智能网联汽车环境感知技术 [M]. 北京：人民邮电出版社，2020.

[3] 李东兵，杨连福. 智能网联汽车底盘线控系统装调与检修 [M]. 北京：机械工业出版社，2021.

[4] 程增木，杨胜兵. 智能网联汽车技术原理与应用 [M]. 北京：机械工业出版社，2022.

智能网联汽车装配与调试

实训工单

机械工业出版社

目 录

项目一

智能传感器的装配与调试

实训工单 1.1　激光雷达的装配与调试

任务名称	激光雷达的装配与调试	学时	4	班级	
学生姓名		学生学号		任务成绩	
实训设备、工具及仪器	智能网联汽车、工具箱、安全防护用品、计算机	实训场地	理实一体化教室	日期	
客户任务描述	本任务实施主要是加强对智能网联汽车激光雷达的安装及线束连接、激光雷达的配置与标定和激光雷达的故障检修的技能训练，通过任务实施、评价及反馈，帮助学生查找问题，理论结合实践，夯实培养质量				
任务目的	1. 掌握智能网联汽车激光雷达的安装及线束连接 2. 掌握智能网联汽车激光雷达的配置与标定 3. 掌握智能网联汽车激光雷达的故障检修				
任务步骤	任务要点			实施记录	
任务准备	1. 更换实训服，佩戴劳保用品 2. 严禁非专业人员或无教师在场的情况下私自对部件进行操作 3. 实训过程中需要至少两人配合完成，不可一人单独完成作业			是否完成：是□　否□	
工具准备	智能网联汽车、工具箱、安全防护用品			是否正常：是□　否□	
制订计划	根据任务目标，制订任务实施计划				

序号	作业项目	实施要点

（续）

任务步骤	任务要点	实施记录
检查智能 网联汽车	1. 检查智能网联实训车是否平稳放置	是否完成：是□　否□
	2. 检查智能网联实训车是否断开总电源	是否完成：是□　否□
	3. 检查智能网联实训车遥控器是否断开	是否完成：是□　否□
激光雷达 的安装及 线束连接	1. 固定激光雷达探头万向节螺钉 	是否完成：是□　否□
	2. 安装激光雷达探头底座 	是否完成：是□　否□
	3. 校准激光雷达水平仪 	是否完成：是□　否□
	4. 连接激光雷达网线和电源线 	是否完成：是□　否□

（续）

任务步骤	任务要点	实施记录
激光雷达的配置与标定	1. 读取激光雷达点云数据 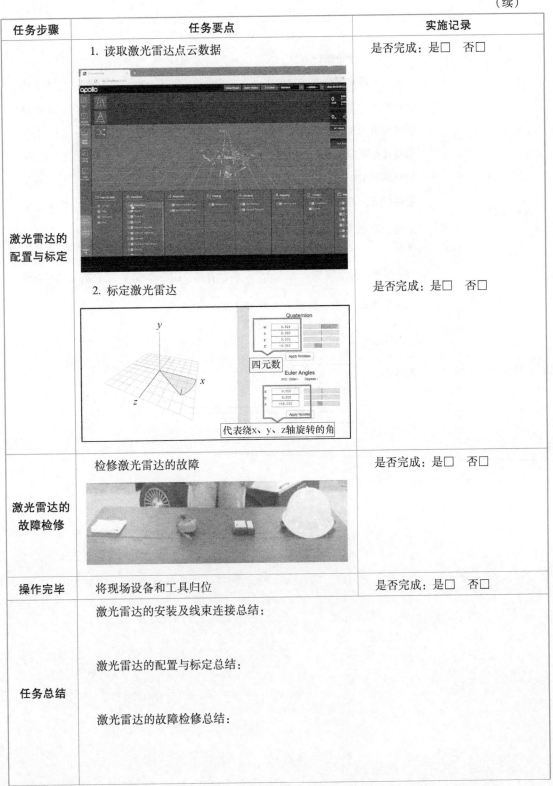 2. 标定激光雷达	是否完成：是□ 否□ 是否完成：是□ 否□
激光雷达的故障检修	检修激光雷达的故障	是否完成：是□ 否□
操作完毕	将现场设备和工具归位	是否完成：是□ 否□
任务总结	激光雷达的安装及线束连接总结： 激光雷达的配置与标定总结： 激光雷达的故障检修总结：	

（续）

	评价表			
	项目	评价指标	自评	互评
评价反思	专业技能	正确安装激光雷达并连接线束	□合格 □不合格	□合格 □不合格
		正确对激光雷达进行配置与标定	□合格 □不合格	□合格 □不合格
		正确对激光雷达进行故障检修	□合格 □不合格	□合格 □不合格
		按照任务要求完成作业内容	□合格 □不合格	□合格 □不合格
		完整填写工作页	□合格 □不合格	□合格 □不合格
	工作态度	着装规范，符合职业要求	□合格 □不合格	□合格 □不合格
		正确查阅激光雷达相关资料和学习材料	□合格 □不合格	□合格 □不合格
		目标明确，独立完成	□合格 □不合格	□合格 □不合格
	个人反思	完成任务的安全、质量、时间和6S要求，是否达到最佳程度，请提出个人改进建议		
	教师评价	教师签字 年 月 日	成绩	
			□合格 □不合格	

实训工单 1.2　毫米波雷达的装配与调试

任务名称	毫米波雷达的装配与调试		学时	4	班级	
学生姓名			学生学号		任务成绩	
实训设备、工具及仪器	智能网联汽车、工具箱、安全防护用品、计算机		实训场地	理实一体化教室	日期	
客户任务描述	本任务实施主要是加强对智能网联汽车毫米波雷达的安装及线束连接、毫米波雷达的配置与标定和毫米波雷达的故障检修的技能训练，通过任务实施、评价及反馈，帮助学生查找问题，理论结合实践，夯实培养质量					
任务目的	1. 掌握智能网联汽车毫米波雷达的安装及线束连接 2. 掌握智能网联汽车毫米波雷达的配置与标定 3. 掌握智能网联汽车毫米波雷达的故障检修					

任务步骤	任务要点	实施记录
任务准备	1. 更换实训服，佩戴劳保用品 2. 严禁非专业人员或无教师在场的情况下私自对部件进行操作 3. 实训过程中需要至少两人配合完成，不可一人单独完成作业	是否完成：是□　否□
工具准备	智能网联汽车、工具箱、安全防护用品	是否正常：是□　否□

制订计划	根据任务目标，制订任务实施计划		
	序号	作业项目	实施要点

检查智能网联汽车	1. 检查智能网联实训车是否平稳放置	是否完成：是□　否□
	2. 检查智能网联实训车是否断开总电源	是否完成：是□　否□
	3. 检查智能网联实训车遥控器是否断开	是否完成：是□　否□

毫米波雷达的安装及线束连接	1. 安装毫米波雷达及支架 	是否完成：是□　否□

（续）

任务步骤	任务要点	实施记录
毫米波雷达的安装及线束连接	2. 安装毫米波雷达（CAN线盒）附件 	是否完成：是□　否□
	3. 连接毫米波雷达插接件	是否完成：是□　否□
	4. 连接毫米波雷达CAN线和电源线	是否完成：是□　否□
毫米波雷达的配置与标定	1. 读取毫米波雷达的数据	是否完成：是□　否□

（续）

任务步骤	任务要点	实施记录
毫米波雷达的配置与标定	2. 标定毫米波雷达	是否完成：是□　否□
毫米波雷达的故障检修	检修毫米波雷达的故障	是否完成：是□　否□
操作完毕	将现场设备和工具归位	是否完成：是□　否□
任务总结	毫米波雷达的安装及线束连接总结： 毫米波雷达的配置与标定总结： 毫米波雷达的故障检修总结：	

<table>
<tr><td rowspan="15">评价反思</td><td colspan="5" style="text-align:center">评价表</td></tr>
<tr><td>项目</td><td>评价指标</td><td colspan="2">自评</td><td colspan="2">互评</td></tr>
<tr><td rowspan="5">专业技能</td><td>正确安装毫米波雷达并连接线束</td><td>□合格</td><td>□不合格</td><td>□合格</td><td>□不合格</td></tr>
<tr><td>正确对毫米波雷达进行配置与标定</td><td>□合格</td><td>□不合格</td><td>□合格</td><td>□不合格</td></tr>
<tr><td>正确对毫米波雷达进行故障检修</td><td>□合格</td><td>□不合格</td><td>□合格</td><td>□不合格</td></tr>
<tr><td>按照任务要求完成作业内容</td><td>□合格</td><td>□不合格</td><td>□合格</td><td>□不合格</td></tr>
<tr><td>完整填写工作页</td><td>□合格</td><td>□不合格</td><td>□合格</td><td>□不合格</td></tr>
<tr><td rowspan="3">工作态度</td><td>着装规范，符合职业要求</td><td>□合格</td><td>□不合格</td><td>□合格</td><td>□不合格</td></tr>
<tr><td>正确查阅毫米波雷达相关资料和学习材料</td><td>□合格</td><td>□不合格</td><td>□合格</td><td>□不合格</td></tr>
<tr><td>目标明确，独立完成</td><td>□合格</td><td>□不合格</td><td>□合格</td><td>□不合格</td></tr>
<tr><td>个人反思</td><td>完成任务的安全、质量、时间和6S要求，是否达到最佳程度，请提出个人改进建议</td><td colspan="4"></td></tr>
<tr><td>教师评价</td><td>教师签字
　　年　月　日</td><td colspan="4">成绩
□合格　□不合格</td></tr>
</table>

7

实训工单 1.3　超声波雷达的装配与调试

任务名称	超声波雷达的装配与调试	学时	4	班级	
学生姓名		学生学号		任务成绩	
实训设备、工具及仪器	智能网联汽车、工具箱、安全防护用品、计算机	实训场地	理实一体化教室	日期	
客户任务描述	本任务实施主要是加强对智能网联汽车超声波雷达的安装及线束连接、超声波雷达的配置与标定和超声波雷达的故障检修的技能训练,通过任务实施、评价及反馈,帮助学生查找问题,理论结合实践,夯实培养质量				
任务目的	1. 掌握智能网联汽车超声波雷达的安装及线束连接 2. 掌握智能网联汽车超声波雷达的配置与标定 3. 掌握智能网联汽车超声波雷达的故障检修				

任务步骤	任务要点	实施记录
任务准备	1. 更换实训服,佩戴劳保用品 2. 严禁非专业人员或无教师在场的情况下私自对部件进行操作 3. 实训过程中需要至少两人配合完成,不可一人单独完成作业	是否完成:是□　否□
工具准备	智能网联汽车、工具箱、安全防护用品	是否正常:是□　否□
制订计划	根据任务目标,制订任务实施计划 {序号 / 作业项目 / 实施要点}	
检查智能网联汽车	1. 检查智能网联实训车是否平稳放置 2. 检查智能网联实训车是否断开总电源 3. 检查智能网联实训车遥控器是否断开	是否完成:是□　否□ 是否完成:是□　否□ 是否完成:是□　否□
超声波雷达的安装及线束连接	1. 安装超声波雷达支架 	是否完成:是□　否□

制订计划表格:

序号	作业项目	实施要点

（续）

任务步骤	任务要点	实施记录
超声波 雷达的 安装及 线束连接	2. 安装超声波雷达探头组件 3. 连接超声波雷达探头组件 CAN 线和电源线 	否完成：是□ 否□ 是否完成：是□ 否□
超声波 雷达的 配置与标定	1. 读取超声波雷达的数据 2. 标定超声波雷达 	是否完成：是□ 否□ 是否完成：是□ 否□

（续）

任务步骤	任务要点	实施记录
超声波雷达的故障检修	检修超声波雷达的故障	是否完成：是□　否□
操作完毕	将现场设备和工具归位	是否完成：是□　否□
任务总结	超声波雷达的安装及线束连接总结： 超声波雷达的配置与标定总结： 超声波雷达的故障检修总结：	

评价反思	评价表			
	项目	评价指标	自评	互评
	专业技能	正确安装超声波雷达并连接线束	□合格　□不合格	□合格　□不合格
		正确对超声波雷达进行配置与标定	□合格　□不合格	□合格　□不合格
		正确对超声波雷达进行故障检修	□合格　□不合格	□合格　□不合格
		按照任务要求完成作业内容	□合格　□不合格	□合格　□不合格
		完整填写工作页	□合格　□不合格	□合格　□不合格
	工作态度	着装规范，符合职业要求	□合格　□不合格	□合格　□不合格
		正确查阅超声波雷达相关资料和学习材料	□合格　□不合格	□合格　□不合格
		目标明确，独立完成	□合格　□不合格	□合格　□不合格
	个人反思	完成任务的安全、质量、时间和6S要求，是否达到最佳程度，请提出个人改进建议		
	教师评价	教师签字 　　年　月　日	成绩	
			□合格　□不合格	

实训工单 1.4　视觉传感器的装配与调试

任务名称	视觉传感器的装配与调试	学时	4	班级	
学生姓名		学生学号		任务成绩	
实训设备、工具及仪器	智能网联汽车、工具箱、安全防护用品、计算机	实训场地	理实一体化教室	日期	

客户任务描述	本任务实施主要是加强对智能网联汽车视觉传感器的安装及线束连接、视觉传感器的配置与标定和视觉传感器的故障检修的技能训练，通过任务实施、评价及反馈，帮助学生查找问题，理论结合实践，夯实培养质量		
任务目的	1. 掌握智能网联汽车视觉传感器的安装及线束连接 2. 掌握智能网联汽车视觉传感器的配置与标定 3. 掌握智能网联汽车视觉传感器的故障检修		

任务步骤	任务要点	实施记录
任务准备	1. 更换实训服，佩戴劳保用品 2. 严禁非专业人员或无教师在场的情况下私自对部件进行操作 3. 实训过程中需要至少两人配合完成，不可一人单独完成作业	是否完成：是□　否□
工具准备	智能网联汽车、工具箱、安全防护用品	是否正常：是□　否□

制订计划	根据任务目标，制订任务实施计划		
	序号	作业项目	实施要点

检查智能网联汽车	1. 检查智能网联实训车是否平稳放置	是否完成：是□　否□
	2. 检查智能网联实训车是否断开总电源	是否完成：是□　否□
	3. 检查智能网联实训车遥控器是否断开	是否完成：是□　否□

双目相机的安装及线束连接	1. 安装双目相机支架	是否完成：是□　否□

（续）

任务步骤	任务要点	实施记录
双目相机的 安装及 线束连接	2. 安装双目相机 3. 连接双目相机网线和电源线 	是否完成：是□　否□ 是否完成：是□　否□
双目相机的 配置与标定	1. 配置双目相机的参数 2. 标定双目相机	是否完成：是□　否□ 是否完成：是□　否□

（续）

任务步骤	任务要点	实施记录
双目相机的故障检修	检修双目相机的故障	是否完成：是□　否□
操作完毕	将现场设备和工具归位	是否完成：是□　否□
任务总结	双目相机的安装及线束连接总结： 双目相机的配置与标定总结： 双目相机的故障检修总结：	

评价反思	评价表			
	项目	评价指标	自评	互评
	专业技能	正确安装双目相机并连接线束	□合格　□不合格	□合格　□不合格
		正确对双目相机进行配置与标定	□合格　□不合格	□合格　□不合格
		正确对双目相机进行故障检修	□合格　□不合格	□合格　□不合格
		按照任务要求完成作业内容	□合格　□不合格	□合格　□不合格
		完整填写工作页	□合格　□不合格	□合格　□不合格
	工作态度	着装规范，符合职业要求	□合格　□不合格	□合格　□不合格
		正确查阅双目相机相关资料和学习材料	□合格　□不合格	□合格　□不合格
		目标明确，独立完成	□合格　□不合格	□合格　□不合格
	个人反思	完成任务的安全、质量、时间和6S要求，是否达到最佳程度，请提出个人改进建议		
	教师评价	教师签字 　　年　月　日	成绩	
			□合格　□不合格	

实训工单 1.5　组合导航的装配与调试

任务名称	组合导航的装配与调试		学时	4	班级	
学生姓名			学生学号		任务成绩	
实训设备、工具及仪器	智能网联汽车、工具箱、安全防护用品、计算机		实训场地	理实一体化教室	日期	
客户任务描述	本任务实施主要是加强对智能网联汽车组合导航的安装及线束连接、组合导航的配置与标定和组合导航的故障检修的技能训练，通过任务实施、评价及反馈，帮助学生查找问题，理论结合实践，夯实培养质量					
任务目的	1. 掌握智能网联汽车组合导航的安装及线束连接 2. 掌握智能网联汽车组合导航的配置与标定 3. 掌握智能网联汽车组合导航的故障检修					
任务步骤	任务要点			实施记录		
任务准备	1. 更换实训服，佩戴劳保用品 2. 严禁非专业人员或无教师在场的情况下私自对部件进行操作 3. 实训过程中需要至少两人配合完成，不可一人单独完成作业			是否完成：是□　否□		
工具准备	智能网联汽车、工具箱、安全防护用品			是否正常：是□　否□		
制订计划	根据任务目标，制订任务实施计划 序号　作业项目　实施要点					
检查智能网联汽车	1. 检查智能网联实训车是否平稳放置 2. 检查智能网联实训车是否断开总电源 3. 检查智能网联实训车遥控器是否断开			是否完成：是□　否□ 是否完成：是□　否□ 是否完成：是□　否□		
组合导航的安装及线束连接	1. 组合导航天线安装在滑轨上 			是否完成：是□　否□		

（续）

任务步骤	任务要点	实施记录
组合导航的安装及线束连接	2. 安装组合导航模块主机	是否完成：是□ 否□
	3. 安装 HUB 集线器	是否完成：是□ 否□
	4. 连接组合导航定位天线和定向天线	是否完成：是□ 否□
	5. 连接组合导航主数据线、USB 转 485、USB 转 232 线、USB 转 type-c 线、电源线	是否完成：是□ 否□
组合导航的配置与标定	1. 配置组合导航的参数	是否完成：是□ 否□

（续）

任务步骤	任务要点	实施记录
组合导航的配置与标定	2. 核对组合导航配置文件信息 	是否完成：是□ 否□
组合导航的故障检修	检修组合导航的故障 	是否完成：是□ 否□
操作完毕	将现场设备和工具归位	是否完成：是□ 否□
任务总结	组合导航的安装及线束连接总结： 组合导航的配置与标定总结： 组合导航的故障检修总结：	

评价反思		评价表			
	项目	评价指标	自评		互评
	专业技能	正确安装组合导航并连接线束	□合格 □不合格	□合格 □不合格	
		正确对组合导航进行配置与标定	□合格 □不合格	□合格 □不合格	
		正确对组合导航进行故障检修	□合格 □不合格	□合格 □不合格	
		按照任务要求完成作业内容	□合格 □不合格	□合格 □不合格	
		完整填写工作页	□合格 □不合格	□合格 □不合格	
	工作态度	着装规范，符合职业要求	□合格 □不合格	□合格 □不合格	
		正确查阅组合导航相关资料和学习材料	□合格 □不合格	□合格 □不合格	
		目标明确，独立完成	□合格 □不合格	□合格 □不合格	
	个人反思	完成任务的安全、质量、时间和6S要求，是否达到最佳程度，请提出个人改进建议			
	教师评价	教师签字 　　年　月　日	成绩		
			□合格　□不合格		

项目二

自动驾驶计算平台的装配与调试

实训工单 2.1　自动驾驶计算平台的装配

任务名称	自动驾驶计算平台的装配	学时	2	班级	
学生姓名		学生学号		任务成绩	
实训设备、工具及仪器	智能网联汽车、工具箱、安全防护用品、计算机	实训场地	理实一体化教室	日期	
客户任务描述	本任务实施主要是加强对智能网联汽车自动驾驶计算平台的安装及线束连接的技能训练，通过任务实施、评价及反馈，帮助学生查找问题，理论结合实践，夯实培养质量				
任务目的	1. 掌握智能网联汽车自动驾驶计算平台的安装 2. 掌握智能网联汽车自动驾驶计算平台的线束连接				
任务步骤	任务要点		实施记录		
任务准备	1. 更换实训服，佩戴劳保用品 2. 严禁非专业人员或无教师在场的情况下私自对部件进行操作 3. 实训过程中需要至少两人配合完成，不可一人单独完成作业		是否完成：是□　否□		
工具准备	智能网联汽车、工具箱、安全防护用品		是否正常：是□　否□		
制订计划	根据任务目标，制订任务实施计划<table><tr><td>序号</td><td>作业项目</td><td>实施要点</td></tr><tr><td></td><td></td><td></td></tr><tr><td></td><td></td><td></td></tr><tr><td></td><td></td><td></td></tr></table>				

（续）

任务步骤	任务要点	实施记录
检查智能 网联汽车	1. 检查智能网联实训车是否平稳放置	是否完成：是□　否□
	2. 检查智能网联实训车是否断开总电源	是否完成：是□　否□
	3. 检查智能网联实训车遥控器是否断开	是否完成：是□　否□
自动驾驶 计算平台 的安装	1. 安装自动驾驶处理器 AGX 主机 	是否完成：是□　否□
	2. 安装 DC/DC 模块 	是否完成：是□　否□
自动驾驶 计算平台的 线束连接	1. 连接 AGX 主机电源接口的线束 	是否完成：是□　否□
	2. 连接 DC/DC 模块供电线航空插头 	是否完成：是□　否□
操作完毕	将现场设备和工具归位	是否完成：是□　否□

（续）

任务步骤	任务要点	实施记录
任务总结	自动驾驶计算平台的安装总结： 自动驾驶计算平台的线束连接总结：	

评价反思	评价表				
	项目	评价指标	自评	互评	
	专业技能	正确安装自动驾驶计算平台	□合格　□不合格	□合格　□不合格	
		正确连接自动驾驶计算平台的线束	□合格　□不合格	□合格　□不合格	
		按照任务要求完成作业内容	□合格　□不合格	□合格　□不合格	
		完整填写工作页	□合格　□不合格	□合格　□不合格	
	工作态度	着装规范，符合职业要求	□合格　□不合格	□合格　□不合格	
		正确查阅自动驾驶计算平台相关资料和学习材料	□合格　□不合格	□合格　□不合格	
		目标明确，独立完成	□合格　□不合格	□合格　□不合格	
	个人反思	完成任务的安全、质量、时间和6S要求，是否达到最佳程度，请提出个人改进建议			
	教师评价	教师签字　　　年　月　日	成绩		
			□合格　□不合格		

实训工单 2.2 自动驾驶计算平台的调试

任务名称	自动驾驶计算平台的调试		学时	2	班级	
学生姓名			学生学号		任务成绩	
实训设备、工具及仪器	智能网联汽车、工具箱、安全防护用品、计算机		实训场地	理实一体化教室	日期	
客户任务描述	本任务实施主要是加强对智能网联汽车自动驾驶计算平台的故障检修的技能训练，通过任务实施、评价及反馈，帮助学生查找问题，理论结合实践，夯实培养质量					
任务目的	掌握智能网联汽车自动驾驶计算平台的故障检修					
任务步骤	任务要点			实施记录		
任务准备	1. 更换实训服，佩戴劳保用品 2. 严禁非专业人员或无教师在场的情况下私自对部件进行操作 3. 实训过程中需要至少两人配合完成，不可一人单独完成作业			是否完成：是□ 否□		
工具准备	智能网联汽车、工具箱、安全防护用品			是否正常：是□ 否□		
制订计划	根据任务目标，制订任务实施计划					

根据任务目标，制订任务实施计划

序号	作业项目	实施要点

检查智能网联汽车	1. 检查智能网联实训车是否平稳放置	是否完成：是□ 否□
	2. 检查智能网联实训车是否断开总电源	是否完成：是□ 否□
	3. 检查智能网联实训车遥控器是否断开	是否完成：是□ 否□

自动驾驶计算平台的故障检修	1. 观察故障现象	是否完成：是□ 否□

（续）

任务步骤	任务要点	实施记录
自动驾驶 计算平台的 故障检修	2. 故障诊断仪诊断，并分析故障原因 3. 故障测量，并确认故障点 4. 故障修复	是否完成：是□ 否□ 是否完成：是□ 否□ 是否完成：是□ 否□
操作完毕	将现场设备和工具归位	是否完成：是□ 否□
任务总结	自动驾驶计算平台的故障检修总结：	

评价反思	评价表			
	项目	评价指标	自评	互评
	专业 技能	正确对自动驾驶计算平台进行故障检修	□合格 □不合格	□合格 □不合格
		按照任务要求完成作业内容	□合格 □不合格	□合格 □不合格
		完整填写工作页	□合格 □不合格	□合格 □不合格
	工作 态度	着装规范，符合职业要求	□合格 □不合格	□合格 □不合格
		正确查阅自动驾驶计算平台的故障检修相关资料和学习材料	□合格 □不合格	□合格 □不合格
		目标明确，独立完成	□合格 □不合格	□合格 □不合格
	个人 反思	完成任务的安全、质量、时间和6S要求，是否达到最佳程度，请提出个人改进建议		
	教师 评价	教师签字 　　年　月　日	成绩 □合格 □不合格	

21

项目三

线控底盘系统的装配与调试

实训工单 3.1　线控驱动系统的装配与调试

任务名称	线控驱动系统的装配与调试		学时	4	班级	
学生姓名			学生学号		任务成绩	
实训设备、工具及仪器	智能网联汽车、工具箱、安全防护用品、计算机		实训场地	理实一体化教室	日期	
客户任务描述	本任务实施主要是加强对智能网联汽车线控驱动系统的整车装配、线控驱动系统的故障检修的技能训练，通过任务实施、评价及反馈，帮助学生查找问题，理论结合实践，夯实培养质量					
任务目的	1. 掌握智能网联汽车线控驱动系统的整车装配 2. 掌握智能网联汽车线控驱动系统的故障检修					
任务步骤	任务要点			实施记录		
任务准备	1. 更换实训服，佩戴劳保用品 2. 严禁非专业人员或无教师在场的情况下私自对部件进行操作 3. 实训过程中需要至少两人配合完成，不可一人单独完成作业			是否完成：是□　否□		
工具准备	智能网联汽车、工具箱、安全防护用品			是否正常：是□　否□		
制订计划	根据任务目标，制订任务实施计划					
	序号	作业项目		实施要点		

（续）

任务步骤	任务要点	实施记录
检查智能 网联汽车	1. 检查智能网联实训车是否平稳放置	是否完成：是□　否□
	2. 检查智能网联实训车是否断开总电源	是否完成：是□　否□
	3. 检查智能网联实训车遥控器是否断开	是否完成：是□　否□
线控驱动 系统的整车 装配	1. 安装驱动电机 	是否完成：是□　否□
	2. 安装驱动电机机脚固定螺栓	是否完成：是□　否□
	3. 安装驱动电机控制器	是否完成：是□　否□
	4. 连接驱动电机控制器输出、输入高压线束	是否完成：是□　否□
	5. 连接驱动电机控制器所有低压插接器	是否完成：是□　否□

（续）

任务步骤	任务要点	实施记录
线控驱动系统的故障检修	1. 观察故障现象 2. 查看故障诊断仪报文信息 3. 分析线控驱动故障电路 4. 故障测量，并确认故障点	是否完成：是□　否□ 是否完成：是□　否□ 是否完成：是□　否□ 是否完成：是□　否□

（续）

任务步骤	任务要点	实施记录
线控驱动系统的故障检修	5. 故障修复 智能网联汽车线控底盘系统 当前驾驶模式：　手动 当前档位：　S档 当前转向角度：　0deg 驱动电机状态：　关闭 车速：　0.0Km/h 车辆状态：　三级报警 制动压力：　0.15mpa SOC：　64%	是否完成：是□　否□
操作完毕	将现场设备和工具归位	是否完成：是□　否□
任务总结	线控驱动系统的整车装配总结： 线控驱动系统的故障检修总结：	

评价反思	评价表			
	项目	评价指标	自评	互评
	专业技能	正确对线控驱动系统进行整车装配	□合格　□不合格	□合格　□不合格
		正确对线控驱动系统进行故障检修	□合格　□不合格	□合格　□不合格
		按照任务要求完成作业内容	□合格　□不合格	□合格　□不合格
		完整填写工作页	□合格　□不合格	□合格　□不合格
	工作态度	着装规范，符合职业要求	□合格　□不合格	□合格　□不合格
		正确查阅线控驱动系统相关资料和学习材料	□合格　□不合格	□合格　□不合格
		目标明确，独立完成	□合格　□不合格	□合格　□不合格
	个人反思	完成任务的安全、质量、时间和6S要求，是否达到最佳程度，请提出个人改进建议。		
	教师评价	教师签字 　　年　月　日	成绩	
			□合格　□不合格	

实训工单 3.2 线控制动系统的装配与调试

任务名称	线控制动系统的装配与调试	学时	4	班级	
学生姓名		学生学号		任务成绩	
实训设备、工具及仪器	智能网联汽车、工具箱、安全防护用品、计算机	实训场地	理实一体化教室	日期	
客户任务描述	本任务实施主要是加强对智能网联汽车线控制动系统的整车装配、线控制动系统的故障检修的技能训练，通过任务实施、评价及反馈，帮助学生查找问题，理论结合实践，夯实培养质量				
任务目的	1. 掌握智能网联汽车线控制动系统的整车装配 2. 掌握智能网联汽车线控制动系统的故障检修				

任务步骤	任务要点	实施记录
任务准备	1. 更换实训服，佩戴劳保用品 2. 严禁非专业人员或无教师在场的情况下私自对部件进行操作 3. 实训过程中需要至少两人配合完成，不可一人单独完成作业	是否完成：是□ 否□
工具准备	智能网联汽车、工具箱、安全防护用品	是否正常：是□ 否□

制订计划	根据任务目标，制订任务实施计划		
	序号	作业项目	实施要点

检查智能网联汽车	1. 检查智能网联实训车是否平稳放置	是否完成：是□ 否□
	2. 检查智能网联实训车是否断开总电源	是否完成：是□ 否□
	3. 检查智能网联实训车遥控器是否断开	是否完成：是□ 否□

线控制动系统的整车装配	1. 安装制动器总成	是否完成：是□ 否□

（续）

任务步骤	任务要点	实施记录
线控制动系统的整车装配	2. 安装制动管路固定螺母 3. 连接制动器总成主插接器 4. 安装制动卡钳支架 5. 安装制动摩擦片 6. 安装制动分泵油管、密封圈及固定螺栓	是否完成：是□　否□ 是否完成：是□　否□ 是否完成：是□　否□ 是否完成：是□　否□ 是否完成：是□　否□

（续）

任务步骤	任务要点	实施记录
线控制动 系统的故 障检修	1. 观察故障现象 2. 查看故障诊断仪报文信息 3. 分析线控制动故障电路 4. 故障测量，并确认故障点	是否完成：是□　否□ 是否完成：是□　否□ 是否完成：是□　否□ 是否完成：是□　否□

（续）

任务步骤	任务要点	实施记录
线控制动系统的故障检修	5. 故障修复 	是否完成：是□　否□
操作完毕	将现场设备和工具归位	是否完成：是□　否□
任务总结	线控制动系统的整车装配总结： 线控制动系统的故障检修总结：	

评价反思	评价表			
	项目	评价指标	自评	互评
	专业技能	正确对线控制动系统进行整车装配	□合格　□不合格	□合格　□不合格
		正确对线控制动系统进行故障检修	□合格　□不合格	□合格　□不合格
		按照任务要求完成作业内容	□合格　□不合格	□合格　□不合格
		完整填写工作页	□合格　□不合格	□合格　□不合格
	工作态度	着装规范，符合职业要求	□合格　□不合格	□合格　□不合格
		正确查阅线控制动系统相关资料和学习材料	□合格　□不合格	□合格　□不合格
		目标明确，独立完成	□合格　□不合格	□合格　□不合格
	个人反思	完成任务的安全、质量、时间和6S要求，是否达到最佳程度，请提出个人改进建议		
	教师评价	教师签字 　　年　月　日	成绩	
			□合格　□不合格	

实训工单 3.3 线控转向系统的装配与调试

任务名称	线控转向系统的装配与调试	学时	4	班级	
学生姓名		学生学号		任务成绩	
实训设备、工具及仪器	智能网联汽车、工具箱、安全防护用品、计算机	实训场地	理实一体化教室	日期	
客户任务描述	本任务实施主要是加强对智能网联汽车线控转向系统的整车装配、线控转向系统的故障检修的技能训练，通过任务实施、评价及反馈，帮助学生查找问题，理论结合实践，夯实培养质量				
任务目的	1. 掌握智能网联汽车线控转向系统的整车装配 2. 掌握智能网联汽车线控转向系统的故障检修				

任务步骤	任务要点	实施记录
任务准备	1. 更换实训服，佩戴劳保用品 2. 严禁非专业人员或无教师在场的情况下私自对部件进行操作 3. 实训过程中需要至少两人配合完成，不可一人单独完成作业	是否完成：是□　否□
工具准备	智能网联汽车、工具箱、安全防护用品	是否正常：是□　否□
制订计划	根据任务目标，制订任务实施计划 序号　作业项目　实施要点	
检查智能网联汽车	1. 检查智能网联实训车是否平稳放置 2. 检查智能网联实训车是否断开总电源 3. 检查智能网联实训车遥控器是否断开	是否完成：是□　否□ 是否完成：是□　否□ 是否完成：是□　否□
线控转向系统的整车装配	1. 安装转向器 	是否完成：是□　否□

制订计划表格：

序号	作业项目	实施要点

（续）

任务步骤	任务要点	实施记录
线控转向系统的整车装配	2. 安装转向横拉杆球头 	是否完成：是□　否□
	3. 安装两前轮胎	是否完成：是□　否□
	4. 安装万向传动轴	是否完成：是□　否□
	5. 安装转向管柱	是否完成：是□　否□
	6. 安装控制器并连接所有插接器	是否完成：是□　否□

（续）

任务步骤	任务要点	实施记录
线控转向系统的故障检修	1. 观察故障现象	是否完成：是□ 否□
	2. 查看故障诊断仪报文信息	是否完成：是□ 否□
	3. 分析线控转向故障电路	是否完成：是□ 否□

（续）

任务步骤	任务要点	实施记录
线控转向系统的故障检修	4. 故障测量，并确认故障点 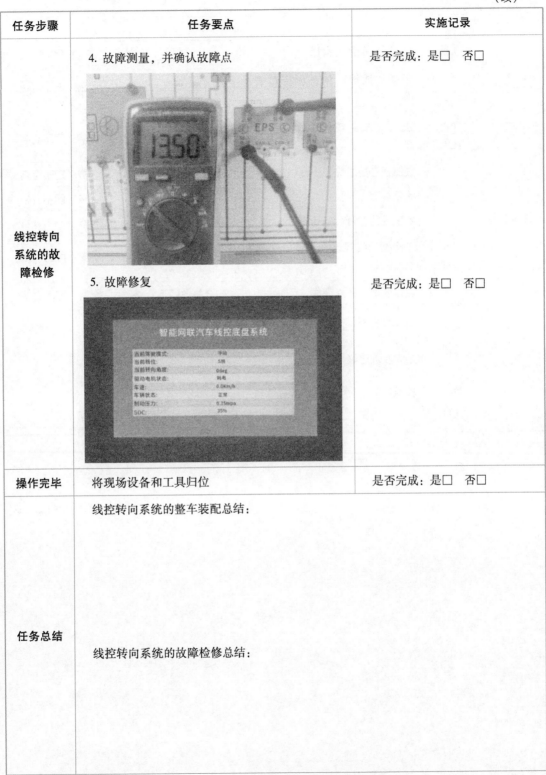 5. 故障修复	是否完成：是□ 否□ 是否完成：是□ 否□
操作完毕	将现场设备和工具归位	是否完成：是□ 否□
任务总结	线控转向系统的整车装配总结： 线控转向系统的故障检修总结：	

（续）

评价表				
项目	评价指标	自评		互评
专业技能	正确对线控转向系统进行整车装配	□合格　□不合格		□合格　□不合格
	正确对线控转向系统进行故障检修	□合格　□不合格		□合格　□不合格
	按照任务要求完成作业内容	□合格　□不合格		□合格　□不合格
	完整填写工作页	□合格　□不合格		□合格　□不合格
工作态度	着装规范，符合职业要求	□合格　□不合格		□合格　□不合格
	正确查阅线控转向系统相关资料和学习材料	□合格　□不合格		□合格　□不合格
	目标明确，独立完成	□合格　□不合格		□合格　□不合格
个人反思	完成任务的安全、质量、时间和6S要求，是否达到最佳程度，请提出个人改进建议			
教师评价	教师签字　　　年　月　日	成绩		
		□合格　□不合格		

（"评价反思" 位于左侧栏）

实训工单 3.4　线控底盘系统的故障检修

任务名称	线控底盘系统的故障检修	学时	4	班级	
学生姓名		学生学号		任务成绩	
实训设备、工具及仪器	智能网联汽车、工具箱、安全防护用品、计算机	实训场地	理实一体化教室	日期	
客户任务描述	本任务实施主要是加强对智能网联汽车线控底盘系统的故障检修的技能训练，通过任务实施、评价及反馈，帮助学生查找问题，理论结合实践，夯实培养质量				
任务目的	掌握智能网联汽车线控底盘系统的故障检修				

任务步骤	任务要点	实施记录
任务准备	1. 更换实训服，佩戴劳保用品 2. 严禁非专业人员或无教师在场的情况下私自对部件进行操作 3. 实训过程中需要至少两人配合完成，不可一人单独完成作业	是否完成：是□　否□
工具准备	智能网联汽车、工具箱、安全防护用品	是否正常：是□　否□
制订计划	根据任务目标，制订任务实施计划 | 序号	作业项目	实施要点
检查智能网联汽车	1. 检查智能网联实训车是否平稳放置 2. 检查智能网联实训车是否断开总电源 3. 检查智能网联实训车遥控器是否断开	是否完成：是□　否□ 是否完成：是□　否□ 是否完成：是□　否□
线控底盘系统的故障检修	1. 作业准备 	是否完成：是□　否□

（续）

任务步骤	任务要点	实施记录
线控底盘系统的故障检修	2. 举升车辆	是否完成：是□ 否□
	3. 观察故障现象（操作遥控器）	是否完成：是□ 否□
	4. 读取故障码	是否完成：是□ 否□
	5. 分析线控底盘故障电路	是否完成：是□ 否□
	6. 故障测量，并确认故障点	是否完成：是□ 否□

（续）

任务步骤	任务要点	实施记录
线控底盘系统的故障检修	7. 故障修复	是否完成：是□　否□
操作完毕	将现场设备和工具归位	是否完成：是□　否□
任务总结	线控底盘系统的故障检修总结：	

评价反思	评价表			
	项目	评价指标	自评	互评
	专业技能	正确对线控底盘系统进行故障检修	□合格　□不合格	□合格　□不合格
		按照任务要求完成作业内容	□合格　□不合格	□合格　□不合格
		完整填写工作页	□合格　□不合格	□合格　□不合格
	工作态度	着装规范，符合职业要求	□合格　□不合格	□合格　□不合格
		正确查阅线控底盘系统相关资料和学习材料	□合格　□不合格	□合格　□不合格
		目标明确，独立完成	□合格　□不合格	□合格　□不合格
	个人反思	完成任务的安全、质量、时间和6S要求，是否达到最佳程度，请提出个人改进建议		
	教师评价	教师签字　　年　月　日	成绩 □合格　□不合格	

项目四

智能座舱与机器视觉系统

实训工单 4.1　智能座舱系统的装配

任务名称	智能座舱系统的装配		学时	2	班级	
学生姓名			学生学号		任务成绩	
实训设备、工具及仪器	智能网联汽车、工具箱、安全防护用品、计算机		实训场地	理实一体化教室	日期	
客户任务描述	本任务实施主要是加强对智能网联汽车智能座舱系统装配的技能训练，通过任务实施、评价及反馈，帮助学生查找问题，理论结合实践，夯实培养质量					
任务目的	掌握智能网联汽车智能座舱系统装配					
任务步骤	任务要点			实施记录		
任务准备	1. 更换实训服，佩戴劳保用品 2. 严禁非专业人员或无教师在场的情况下私自对部件进行操作 3. 实训过程中需要至少两人配合完成，不可一人单独完成作业			是否完成：是□　否□		
工具准备	智能网联汽车、工具箱、安全防护用品			是否正常：是□　否□		
制订计划	根据任务目标，制订任务实施计划					
	序号	作业项目		实施要点		

38

（续）

任务步骤	任务要点	实施记录
检查智能网联汽车	1. 检查智能网联实训车是否平稳放置	是否完成：是□　否□
	2. 检查智能网联实训车是否断开总电源	是否完成：是□　否□
	3. 检查智能网联实训车遥控器是否断开	是否完成：是□　否□
智能座舱系统装配	1. 安装智能车机本体前，需要将线束穿出布线孔连接至智能车机主体上 	是否完成：是□　否□
	2. 按照顺序连接智能车机各插接器 1）连接 GPS 导航天线插接器 2）连接外接 USB 插接器 3）连接主插接器 4）电源插接器和摄像头视频传输插接器等主机安装完毕后再连接 	是否完成：是□　否□
	3. 将智能车机主体装入安装位置，并安装固定螺栓，按规定力矩紧固螺栓 	是否完成：是□　否□

（续）

任务步骤	任务要点	实施记录
智能座舱系统装配	4. 将其插接器与智能组合仪表进行连接 	是否完成：是□ 否□
	5. 将组合仪表放入安装位置，并装入外固定饰板 	是否完成：是□ 否□
	6. 将 T-BOX 车联网终端固定到后尾箱固定板上，并紧固螺栓，螺栓按规定力矩拧紧 	是否完成：是□ 否□
	7. 连接 T-BOX 的 GNSS 天线将天线固定到车身高位 	是否完成：是□ 否□
	8. 连接 T-BOX 的主插接器 	是否完成：是□ 否□

（续）

任务步骤	任务要点	实施记录
操作完毕	将现场设备和工具归位	是否完成：是□ 否□
任务总结	智能座舱系统的装配总结：	

		评价表				
	项目	评价指标	自评		互评	
评价反思	专业技能	正确进行智能座舱系统装配	□合格	□不合格	□合格	□不合格
		按照任务要求完成作业内容	□合格	□不合格	□合格	□不合格
		完整填写工作页	□合格	□不合格	□合格	□不合格
	工作态度	着装规范，符合职业要求	□合格	□不合格	□合格	□不合格
		正确查阅智能座舱系统装配相关资料和学习材料	□合格	□不合格	□合格	□不合格
		目标明确，独立完成	□合格	□不合格	□合格	□不合格
	个人反思	完成任务的安全、质量、时间和6S要求，是否达到最佳程度，请提出个人改进建议				
	教师评价	教师签字 　　年　月　日	成绩			
			□合格　□不合格			

实训工单 4.2 摄像头的选型、安装与标定

任务名称	摄像头的选型、安装与标定	学时	2	班级	
学生姓名		学生学号		任务成绩	
实训设备、工具及仪器	智能网联汽车、工具箱、安全防护用品、计算机	实训场地	理实一体化教室	日期	
客户任务描述	本任务实施主要是加强对智能网联汽车摄像头的选型、安装与标定的技能训练，通过任务实施、评价及反馈，帮助学生查找问题，理论结合实践，夯实培养质量				
任务目的	掌握智能网联汽车摄像头的选型与安装				

任务步骤	任务要点	实施记录
任务准备	1. 更换实训服，佩戴劳保用品 2. 严禁非专业人员或无教师在场情况下私自对部件进行操作 3. 实训过程中需要至少两人配合完成，不可一人单独完成作业	是否完成：是□　否□
工具准备	智能网联汽车、工具箱、安全防护用品	是否正常：是□　否□

制订计划	根据任务目标，制订任务实施计划		
	序号	作业项目	实施要点

检查智能网联汽车	1. 检查智能网联实训车是否平稳放置	是否完成：是□　否□
	2. 检查智能网联实训车是否断开总电源	是否完成：是□　否□
	3. 检查智能网联实训车遥控器是否断开	是否完成：是□　否□

（续）

任务步骤	任务要点	实施记录
摄像头的 选型与 安装	1. 摄像头焦距选型 2. 摄像头尺寸选型 3. 摄像头像素选型 4. 安装摄像头镜头 5. 调整摄像头支架位置	是否完成：是□　否□ 是否完成：是□　否□ 是否完成：是□　否□ 是否完成：是□　否□ 是否完成：是□　否□

（续）

任务步骤	任务要点	实施记录
摄像头的选型与安装	6. 安装摄像头 	是否完成：是□　否□
	7. 连接摄像头线束 	是否完成：是□　否□
	8. 选择标定板 	是否完成：是□　否□
	9. 输入标定板内角点值 	是否完成：是□　否□
	10. 输入摄像头像素值 	是否完成：是□　否□

（续）

任务步骤	任务要点	实施记录
摄像头的选型与安装	11. 选择修正文件 	是否完成：是□　否□
操作完毕	将现场设备和工具归位	是否完成：是□　否□
任务总结	摄像头的选型、安装与标定总结：	

评价反思	评价表				
	项目	评价指标	自评	互评	
	专业技能	正确进行摄像头的选型、安装与标定	□合格　□不合格	□合格　□不合格	
		按照任务要求完成作业内容	□合格　□不合格	□合格　□不合格	
		完整填写工作页	□合格　□不合格	□合格　□不合格	
	工作态度	着装规范，符合职业要求	□合格　□不合格	□合格　□不合格	
		正确查阅摄像头的选型、安装与标定相关资料和学习材料	□合格　□不合格	□合格　□不合格	
		目标明确，独立完成	□合格　□不合格	□合格　□不合格	
	个人反思	完成任务的安全、质量、时间和6S要求，是否达到最佳程度，请提出个人改进建议			
	教师评价	教师签字 　　年　月　日	成绩		
			□合格　□不合格		

实训工单 4.3　车道线的识别

任务名称	车道线的识别	学时	2	班级	
学生姓名		学生学号		任务成绩	
实训设备、工具及仪器	智能网联汽车、工具箱、安全防护用品、计算机	实训场地	理实一体化教室	日期	
客户任务描述	本任务实施主要是加强对智能网联汽车车道线识别的技能训练，通过任务实施、评价及反馈，帮助学生查找问题，理论结合实践，夯实培养质量				
任务目的	掌握智能网联汽车车道线的识别				

任务步骤	任务要点	实施记录
任务准备	1. 更换实训服，佩戴劳保用品 2. 严禁非专业人员或无教师在场的情况下私自对部件进行操作 3. 实训过程中需要至少两人配合完成，不可一人单独完成作业	是否完成：是□　否□
工具准备	智能网联汽车、工具箱、安全防护用品	是否正常：是□　否□
制订计划	根据任务目标，制订任务实施计划 序号　作业项目　实施要点	
检查智能网联汽车	1. 检查智能网联实训车是否平稳放置 2. 检查智能网联实训车是否断开总电源 3. 检查智能网联实训车遥控器是否断开	是否完成：是□　否□ 是否完成：是□　否□ 是否完成：是□　否□
车道线的识别	1. 选择车道线	是否完成：是□　否□

（续）

任务步骤	任务要点	实施记录
车道线 的识别	2. 输入内角点 RGB 值 3. 输入 ROI 检测范围 4. 识别车道线	是否完成：是□　否□ 是否完成：是□　否□ 是否完成：是□　否□
操作完毕	将现场设备和工具归位	是否完成：是□　否□
任务总结	车道线的识别总结：	

（续）

评价反思	评价表			
	项目	评价指标	自评	互评
	专业技能	正确进行车道线的识别	□合格　□不合格	□合格　□不合格
		按照任务要求完成作业内容	□合格　□不合格	□合格　□不合格
		完整填写工作页	□合格　□不合格	□合格　□不合格
	工作态度	着装规范，符合职业要求	□合格　□不合格	□合格　□不合格
		正确查阅车道线的识别相关资料和学习材料	□合格　□不合格	□合格　□不合格
		目标明确，独立完成	□合格　□不合格	□合格　□不合格
	个人反思	完成任务的安全、质量、时间和6S要求，是否达到最佳程度，请提出个人改进建议		
	教师评价	教师签字　　　　　年　月　日	成绩	
			□合格　□不合格	

实训工单 4.4　车辆的识别

任务名称	车辆的识别		学时	2	班级	
学生姓名			学生学号		任务成绩	
实训设备、工具及仪器	智能网联汽车、工具箱、安全防护用品、计算机		实训场地	理实一体化教室	日期	
客户任务描述	本任务实施主要是加强对智能网联汽车车辆的识别的技能训练，通过任务实施、评价及反馈，帮助学生查找问题，理论结合实践，夯实培养质量					
任务目的	掌握智能网联汽车车辆的识别					
任务步骤	任务要点			实施记录		
任务准备	1. 更换实训服，佩戴劳保用品 2. 严禁非专业人员或无教师在场的情况下私自对部件进行操作 3. 实训过程中需要至少两人配合完成，不可一人单独完成作业			是否完成：是□　否□		
工具准备	智能网联汽车、工具箱、安全防护用品			是否正常：是□　否□		

制订计划	根据任务目标，制订任务实施计划		
	序号	作业项目	实施要点

检查智能网联汽车	1. 检查智能网联实训车是否平稳放置	是否完成：是□　否□
	2. 检查智能网联实训车是否断开总电源	是否完成：是□　否□
	3. 检查智能网联实训车遥控器是否断开	是否完成：是□　否□

车辆的识别	1. 选择数据标注目标车辆	是否完成：是□　否□

（续）

任务步骤	任务要点	实施记录
	2. 创建车辆侧面信息，并选择车辆识别范围 	是否完成：是□　否□
	3. 查看车辆标注信息 	是否完成：是□　否□
车辆的 识别	4. 进行模型训练 	是否完成：是□　否□
	5. 选择车辆，进行目标识别 	是否完成：是□　否□
操作完毕	将现场设备和工具归位	是否完成：是□　否□

（续）

任务总结	车辆的识别总结：

<table>
<tr><td rowspan="13" style="writing-mode:vertical">评价反思</td><td colspan="5" align="center">评价表</td></tr>
<tr><td>项目</td><td>评价指标</td><td align="center">自评</td><td align="center">互评</td></tr>
<tr><td rowspan="3">专业技能</td><td>正确进行车辆的识别</td><td>□合格　□不合格</td><td>□合格　□不合格</td></tr>
<tr><td>按照任务要求完成作业内容</td><td>□合格　□不合格</td><td>□合格　□不合格</td></tr>
<tr><td>完整填写工作页</td><td>□合格　□不合格</td><td>□合格　□不合格</td></tr>
<tr><td rowspan="3">工作态度</td><td>着装规范，符合职业要求</td><td>□合格　□不合格</td><td>□合格　□不合格</td></tr>
<tr><td>正确查阅车辆的识别相关资料和学习材料</td><td>□合格　□不合格</td><td>□合格　□不合格</td></tr>
<tr><td>目标明确，独立完成</td><td>□合格　□不合格</td><td>□合格　□不合格</td></tr>
<tr><td>个人反思</td><td>完成任务的安全、质量、时间和6S要求，是否达到最佳程度，请提出个人改进建议</td><td colspan="2"></td></tr>
<tr><td rowspan="2">教师评价</td><td>教师签字</td><td colspan="2" align="center">成绩</td></tr>
<tr><td>　　年　　月　　日</td><td colspan="2">□合格　□不合格</td></tr>
</table>

实训工单 5.1　自动紧急制动功能测试

任务名称	自动紧急制动功能测试	学时	2	班级	
学生姓名		学生学号		任务成绩	
实训设备、工具及仪器	智能网联汽车、工具箱、安全防护用品、计算机	实训场地	理实一体化教室	日期	
客户任务描述	本任务实施主要是加强对智能网联汽车自动紧急制动功能测试的技能训练，通过任务实施、评价及反馈，帮助学生查找问题，理论结合实践，夯实培养质量				
任务目的	掌握智能网联汽车自动紧急制动功能测试				
任务步骤	任务要点		实施记录		
任务准备	1. 更换实训服，佩戴劳保用品 2. 严禁非专业人员或无教师在场的情况下私自对部件进行操作 3. 实训过程中需要至少两人配合完成，不可一人单独完成作业		是否完成：是□　否□		
工具准备	智能网联汽车、工具箱、安全防护用品		是否正常：是□　否□		
制订计划	根据任务目标，制订任务实施计划				

根据任务目标，制订任务实施计划

序号	作业项目	实施要点

（续）

任务步骤	任务要点	实施记录
检查智能网联汽车	1. 检查智能网联实训车是否平稳放置	是否完成：是□ 否□
	2. 检查智能网联实训车是否断开总电源	是否完成：是□ 否□
	3. 检查智能网联实训车遥控器是否断开	是否完成：是□ 否□
自动紧急制动功能实车测试	1. 准备工作	是否完成：是□ 否□
	2. 连接 CAN 分析仪线束	是否完成：是□ 否□
	3. 连接底盘 CAN 线	是否完成：是□ 否□
	4. 发送自动急停报文	是否完成：是□ 否□

（续）

任务步骤	任务要点	实施记录
自动紧急 制动功能 实车测试	5. 验证自动紧急制动功能	是否完成：是□　否□
操作完毕	将现场设备和工具归位	是否完成：是□　否□
任务总结	自动紧急制动功能测试总结：	

		评价表		
评价反思	项目	评价指标	自评	互评
	专业 技能	正确进行自动紧急制动功能测试	□合格　□不合格	□合格　□不合格
		按照任务要求完成作业内容	□合格　□不合格	□合格　□不合格
		完整填写工作页	□合格　□不合格	□合格　□不合格
	工作 态度	着装规范，符合职业要求	□合格　□不合格	□合格　□不合格
		正确查阅自动紧急制动功能测试 相关资料和学习材料	□合格　□不合格	□合格　□不合格
		目标明确，独立完成	□合格　□不合格	□合格　□不合格
	个人 反思	完成任务的安全、质量、时间和 6S要求，是否达到最佳程度，请提 出个人改进建议		
	教师 评价	教师签字 　　　年　　月　　日	成绩	
			□合格　□不合格	

实训工单 5.2　自动驾驶功能场景测试

任务名称	自动驾驶功能场景测试	学时	2	班级	
学生姓名		学生学号		任务成绩	
实训设备、工具及仪器	智能网联汽车、工具箱、安全防护用品、计算机	实训场地	理实一体化教室	日期	
客户任务描述	本任务实施主要是加强对智能网联汽车自动驾驶功能场景测试的技能训练，通过任务实施、评价及反馈，帮助学生查找问题，理论结合实践，夯实培养质量				
任务目的	掌握智能网联汽车自动驾驶功能场景测试				

任务步骤	任务要点	实施记录
任务准备	1. 更换实训服，佩戴劳保用品 2. 严禁非专业人员或无教师在场的情况下私自对部件进行操作 3. 实训过程中需要至少两人配合完成，不可一人单独完成作业	是否完成：是□　否□
工具准备	智能网联汽车、工具箱、安全防护用品	是否正常：是□　否□
制订计划	根据任务目标，制订任务实施计划 | 序号	作业项目	实施要点 | |---|---|---| | | | | | | | | | | | |	
检查智能网联汽车	1. 检查智能网联实训车是否平稳放置 2. 检查智能网联实训车是否断开总电源 3. 检查智能网联实训车遥控器是否断开	是否完成：是□　否□ 是否完成：是□　否□ 是否完成：是□　否□
辅助驾驶功能场景测试	1. 传感器参数标定设置 	是否完成：是□　否□

（续）

任务步骤	任务要点	实施记录
辅助驾驶功能场景测试	2. 测试场景选择 	是否完成：是☐　否☐
	3. 进行自适应巡航测试 	是否完成：是☐　否☐
	4. 进行紧急制动测试 	是否完成：是☐　否☐

（续）

任务步骤	任务要点	实施记录
辅助驾驶功能场景测试	5. 进行车道保持测试 	是否完成：是□　否□
操作完毕	将现场设备和工具归位	是否完成：是□　否□
任务总结	自动驾驶功能场景测试总结：	

评价反思	评价表					
	项目	评价指标	自评		互评	
	专业技能	正确进行自动驾驶功能场景测试	□合格　□不合格		□合格　□不合格	
		按照任务要求完成作业内容	□合格　□不合格		□合格　□不合格	
		完整填写工作页	□合格　□不合格		□合格　□不合格	
	工作态度	着装规范，符合职业要求	□合格　□不合格		□合格　□不合格	
		正确查阅自动驾驶功能场景测试相关资料和学习材料	□合格　□不合格		□合格　□不合格	
		目标明确，独立完成	□合格　□不合格		□合格　□不合格	
	个人反思	完成任务的安全、质量、时间和6S要求，是否达到最佳程度，请提出个人改进建议				
	教师评价	教师签字 　　　　年　月　日	成绩			
			□合格　□不合格			

实训工单 5.3　自动驾驶综合道路测试

任务名称	自动驾驶综合道路测试		学时	4	班级	
学生姓名			学生学号		任务成绩	
实训设备、工具及仪器	智能网联汽车、工具箱、安全防护用品、计算机		实训场地	理实一体化教室	日期	
客户任务描述	本任务实施主要是加强对智能网联汽车自动驾驶综合道路测试的技能训练，通过任务实施、评价及反馈，帮助学生查找问题，理论结合实践，夯实培养质量					
任务目的	掌握智能网联汽车自动驾驶综合道路测试					
任务步骤	任务要点			实施记录		
任务准备	1. 更换实训服，佩戴劳保用品 2. 严禁非专业人员或无教师在场的情况下私自对部件进行操作 3. 实训过程中需要至少两人配合完成，不可一人单独完成作业			是否完成：是□　否□		
工具准备	智能网联汽车、工具箱、安全防护用品			是否正常：是□　否□		
制订计划	根据任务目标，制订任务实施计划					
	序号	作业项目		实施要点		
检查智能网联汽车	1. 检查智能网联实训车是否平稳放置			是否完成：是□　否□		
	2. 检查智能网联实训车是否断开总电源			是否完成：是□　否□		
	3. 检查智能网联实训车遥控器是否断开			是否完成：是□　否□		
GPS 定位车道线地图录制与自动驾驶	1. 启动 apolloExe 软件界面 			是否完成：是□　否□		

（续）

任务步骤	任务要点	实施记录
GPS 定位 车道线地图 录制与自动 驾驶	2. GPS 定位车道线地图录制 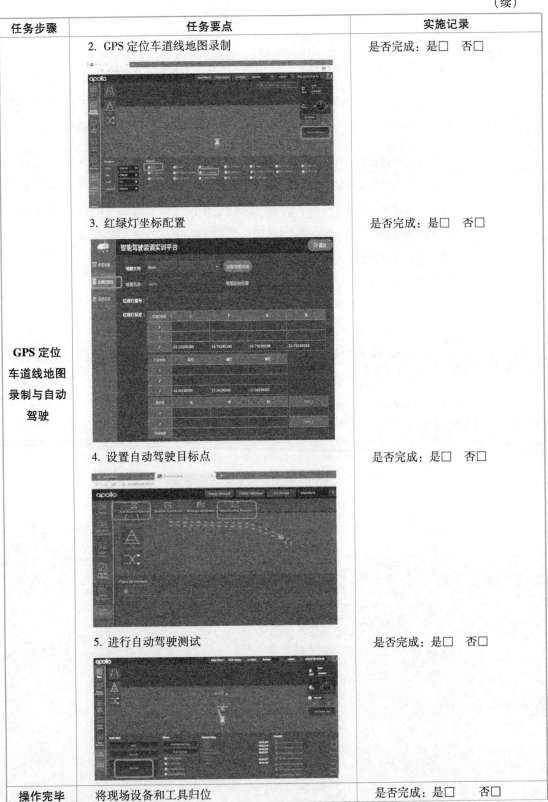	是否完成：是☐　否☐
	3. 红绿灯坐标配置	是否完成：是☐　否☐
	4. 设置自动驾驶目标点	是否完成：是☐　否☐
	5. 进行自动驾驶测试	是否完成：是☐　否☐
操作完毕	将现场设备和工具归位	是否完成：是☐　否☐

（续）

任务总结	自动驾驶综合道路测试总结：			

		评价表		
评价反思	项目	评价指标	自评	互评
	专业技能	正确进行自动驾驶综合道路测试	□合格　□不合格	□合格　□不合格
		按照任务要求完成作业内容	□合格　□不合格	□合格　□不合格
		完整填写工作页	□合格　□不合格	□合格　□不合格
	工作态度	着装规范，符合职业要求	□合格　□不合格	□合格　□不合格
		正确查阅自动驾驶综合道路测试相关资料和学习材料	□合格　□不合格	□合格　□不合格
		目标明确，独立完成	□合格　□不合格	□合格　□不合格
	个人反思	完成任务的安全、质量、时间和6S要求，是否达到最佳程度，请提出个人改进建议		
	教师评价	教师签字　　　　年　月　日	成绩	
			□合格　□不合格	

职业教育智能网联汽车技术创新与应用系列教材

智能网联汽车装配与调试

智能网联汽车传感技术与应用

车联网与车路协同控制技术

智能网联汽车线控底盘检修

开发语言及二次开发技术

ISBN 978-7-111-74770-3

机工教育微信服务号

策划编辑◎于志伟 / 封面设计◎张静

定价：59.80元（含实训工单）

9 787111 747703 >